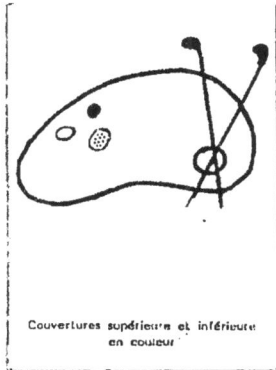

Couvertures supérieure et inférieure
en couleur

RECTO ET VERSO

Adolescens juxta.
viam suam ; etiam cum
senuerit, non recedet
ab ea.
(Pr, XXII, 6.)

LA PREMIÈRE
JEUNESSE de LOUIS XIV

(1649-1653.)

d'après la correspondance inédite
du P. CHARLES PAULIN, son premier confesseur,
par le P. H. CHÉROT,
de la Compagnie de Jésus.

ILLUSTRÉE DE NOMBREUSES GRAVURES.

Société de Saint-Augustin,

DESCLÉE, DE BROUWER ET Cie,

Imprimeurs des Facultés Catholiques de Lille.

LA PREMIERE

JEUNESSE de LOUIS XIV.

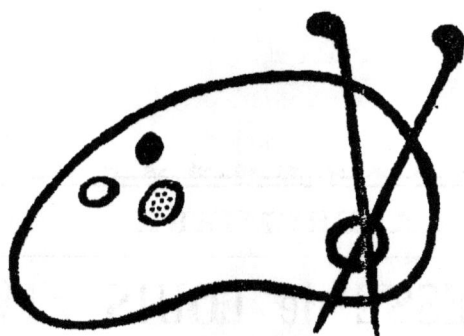

Original en couleur

NF Z 43-120-8

Adolescens juxta
viam suam ; etiam cum
senuerit, non recedet
ab ea.
(Pr., XXII, 6.)

LA PREMIÈRE
JEUNESSE de LOUIS XIV

(1649-1653.)

d'après la correspondance inédite
du P. CHARLES PAULIN, son premier confesseur,
par le P. H. CHÉROT,
de la Compagnie de Jésus.

ILLUSTRÉE DE NOMBREUSES GRAVURES.

Société de Saint-Augustin,

DESCLÉE, DE BROUWER ET Cie,

Imprimeurs des Facultés Catholiques de Lille.

PRÉFACE.

« *IL est intéressant, écrivait naguère le baron de Ruble dans sa charmante étude sur Marie Stuart, de relever chez les jeunes princes, dont on ne connaît guère que le rôle politique, c'est-à-dire le plus souvent le côté odieux, les premières impressions de jeunesse avant qu'elles soient faussées par les influences de cour* (1). » *Cette pensée est juste, même appliquée aux derniers Valois.*

Moins heureux que François II, Charles IX et Henri III, ces trois frères couronnés les derniers de leur race, Louis XIV, qui fit monter la sienne à l'apogée de la grandeur, n'a pas seulement failli attendre, il attend toujours l'historien définitif de sa minorité. Le midi éblouissant du règne et son noir couchant en ont éclipsé l'aube radieuse, bientôt troublée par les orages de la Fronde.

L'homme et le souverain ont fait tort à l'enfant; trente années de gloires et de romans ont effacé et recouvert la pure idylle de ses douze ans.

Il semble n'avoir conquis ses premiers droits à l'at-

---

1. *La Première jeunesse de Marie Stuart*, Paris, 1891, in-8°, p. 108.

tention de la science et à la mémoire de la postérité
qu'au moment où il s'égara hors de l'étroit chemin de
la morale.

Sa passion pour Marie Mancini est l'éternel point
de départ des historiens de sa vie privée.

Nous avons cru pouvoir remonter plus haut, et le
devoir.

La correspondance d'un contemporain, bien placé
pour voir, nous a permis de soulever discrètement ce
coin du voile qui cache une âme. Sans manquer au
secret professionnel, le premier confesseur de Louis fai
sait partager au cardinal Mazarin et à d'autres son
admiration pour des qualités précoces et des vertus
royales.

De bonne heure, le P. Charles Paulin s'efforça
d'inspirer à son pénitent une foi profonde et la crainte
salutaire de Dieu, jalons qui marqueront un jour le
sentier difficile du retour. Telle sera la conclusion de
notre travail, et, si elle est acceptée, nous croirons
n'avoir point perdu la peine de nos recherches.

Les sources auxquelles nous avons puisé sont avant
tout les lettres autographes et signées, adressées par le
P. Paulin à Mazarin, et qui sont passées avec les papiers

du cardinal aux archives des Affaires étrangères. Elles y ont été signalées par l'historien qui s'était voué à la correspondance du grand ministre, M. Adolphe Chéruel; quelques courts fragments sont même insérés dans plusieurs intéressants chapitres de ses ouvrages sur la Minorité de Louis XIV *et le* Ministère de Mazarin. *Le reste demeure perdu au milieu de ces immenses dossiers. D'autres lettres, appartenant à des collections privées, nous ont permis de combler en partie les lacunes de ces recueils officiels et d'en contrôler la sincérité.*

Une question se présentait. Devions-nous publier en entier les lettres conservées aux Affaires étrangères ou qui en proviennent? Elles contiennent tant de passages arides et fastidieux, purement relatifs aux bénéfices ecclésiastiques, que tout citer eût été sortir des limites de notre sujet. Mais, hormis ces détails disparates et parasites, nous nous sommes astreint à reproduire les textes dans leur intégrité.

La plupart des pages qui composent le présent volume ont d'ailleurs été l'objet d'une plus ample publication. Les lecteurs des Études *en ont eu les primeurs* (1). *Pour eux nous avons recueilli durant presque une*

---

1. *Voir* Études religieuses, philosophiques, historiques et littéraires (*Paris, Retaux*), sept., oct., déc. 1891 et janv. mais, avril, mai 1892.

année la moisson dont nous extrayons aujourd'hui cette gerbe. Laissant de côté la paille aride des documents, nous n'en conservons plus guère que les épis et peut-être quelques fleurs. Beaucoup retrancher, ajouter un peu, tel a été notre plan.

Le roi en personne, au lieu de son directeur, occupe le centre de la composition nouvelle. On ne retrouvera donc plus sous ce titre de la Première Jeunesse de Louis XIV *des développements sur Gaston d'Orléans et le cardinal de Retz, le Conseil de conscience et la Compagnie de Jésus, scènes et portraits qui figuraient à leur place dans un cadre plus complet.*

A la jeunesse studieuse nous dédions ce livre modeste, fruit d'un travail consciencieux et impartial. Puisse-t-elle retirer quelque leçon du tableau de cette éducation très chrétienne.

H. CHÉROT, S. J.

Paris, 31 juillet 1892.
     En la fête de S. Ignace de Loyola.

ANNE D'AUTRICHE, LOUIS XIV ET PHILIPPE
DE FRANCE, duc d'Orléans.

(D'après une estampe du temps, *Musée du Louvre.*)

La reine-mère soutient le sceptre du jeune Louis XIV assis sur un trône; près d'elle est le duc
d'Orléans (alors duc d'Anjou) en robe. Dans le fond, la bataille de Rocroy.

LA PREMIÈRE
JEUNESSE DE LOUIS XIV
(1649-1653).
Chapître Premier.
Une reine chrétienne.

RIVÉ du roi son père dès l'âge de quatre ans (14 mai 1643), Louis XIV fut d'abord ce que le fit l'éducation de sa mère. C'est donc à l'influence exercée sur ses premières années par Anne d'Autriche, que nous devons demander le secret de sa piété naissante.

Les portraits de la reine tracés par les contemporains sont nombreux ; tous s'accordent en un point : la fille de Philippe III unissait aux agréments de la personne la beauté d'une âme enrichie des plus nobles vertus (1), et elle donnait à ses peuples l'exemple d'une entière fidélité au devoir. Pour apprendre à bien servir leur maître, ils n'avaient qu'à regarder comment leur souveraine servait le sien (2) ; comme elle voulait être honorée des hommes, elle-même honorait DIEU (3).

---

1. *Portrait de la reine-mère* par Mme la comtesse de Brienne, dans la *Galerie des portraits de Mlle de Montpensier*, édit. E. de Barthélemy, p. 474.

2. *Portrait de la même* par Mme la comtesse de Brégis ; *ibid.*, p. 12.

3. *Portrait de la reine Anne d'Autriche* fait par Mme de Motteville,

Mais l'honneur qu'elle lui rendait n'était pas un hommage de stérile respect ; née en Espagne et élevée pendant treize ans au milieu d'une nation plus portée que la nôtre aux manifestations extérieures du culte, elle en avait gardé, avec l'amour des pratiques religieuses, une scrupuleuse ponctualité à observer les lois de l'Église (1). Elle ne passait guère moins de trois heures par jour en oraison ou en lectures pieuses, en dehors des autres exercices spirituels ou des œuvres de charité. Outre ses deux prières du matin, dont la première se prolongeait, et la messe, qu'elle entendait dévotement, elle se retirait l'après-dîner dans son oratoire pour y lire quelque auteur ascétique (2), et le soir, elle s'enfermait de nouveau une grande heure dans cet endroit du monde où elle se plaisait le plus (3).

Celle des dames de sa cour qui l'a le mieux connue et à qui nous empruntons la plupart de ces détails et des suivants, la sincère Mme de Motteville, fait remarquer avec raison jusqu'à quel point ce règlement de vie était devenu en elle une seconde nature. Les particuliers s'excusent volontiers de leurs manquements sur leurs occupations ; la reine, qui eut à traverser les

---

en 1658 ; dans les *Mémoires de Mme de Motteville*. Nouv. édit. Riaux, collection Charpentier, 1886, t. I, p. XXIX.

1. Motteville, *Mémoires*, t. I, p. 170-171.

2. *Ibid.*, p. 172.

3. *Ibid.*, p. XXX.

difficultés d'un pouvoir en butte à de constantes attaques, ne se départit pas sous ce prétexte de ses dévotions accoutumées : « Les voyages, les maladies, les
veilles, les chagrins, les divertissements ni les affaires
ne lui ont jamais pu faire interrompre les heures de sa
retraite et de ses prières (1).» Après cette énumération,
il est démontré que la vertu de la régente était une
vertu solide.

Anne d'Autriche fut toujours la même, ou, si elle
changea, ce ne fut que pour se fortifier dans le bien
avec les années. Dans sa jeunesse, elle avait aimé
les divertissements honnêtes ; parvenue à la maturité
de la vie, elle conserva pour le théâtre une passion qui
alla s'affaiblissant, et pour le jeu un goût qui ne la
quitta guère ; mais il ne faut pas oublier que, sur l'article de la comédie, elle avait exposé ses perplexités à
une consulte de Sorbonne, et que dix ou douze docteurs contre sept lui avaient mis, à certaines conditions,
la conscience en repos (2). L'opéra lui-même, plus
moral sans doute alors que de nos jours, ne venait-il
pas d'être importé d'Italie en France, exprès pour la
charmer, par le cardinal Mazarin ? Encore le ministre
témoignait-il quelque déplaisir quand la reine, pour
communier le lendemain, se retirait avant la fin d'une

---

1. Motteville, *Mémoires*, t. I, p. XXIX.

2. *Ibid.*, p. 304.

de ces pièces à machines et en musique, à la mode de Rome (1).

Cette sorte de compromis entre la piété et le monde, même autorisé par les docteurs, a empêché Anne d'Autriche de paraître aux yeux de la postérité avec cette auréole qui brille au front des saintes ; de même que sa paresse aux affaires, paresse soigneusement entretenue par Mazarin, l'a tenue à distance d'une illustre reine, Espagnole comme elle et régente de France, Blanche de Castille. Qui sait si la différence profonde qui sépare Louis XIV de Louis IX aux regards du chrétien, n'a pas son point de départ dans leur éducation maternelle ? Ce qui suffit à former un grand homme et un grand roi ne suffit pas à former un saint.

La reine n'eut pas de peine à développer dans l'âme de son fils un christianisme à l'image du sien. La passion qu'elle éprouvait pour cet enfant était entre elle et lui un lien de tous les instants. Depuis le jour où Dieu le lui avait donné après vingt-trois ans de mariage, l'épouse longtemps délaissée par Louis XIII avait reporté sur ce gage tardif de leur union tout l'arriéré de tendresse concentré dans son cœur. Par la naissance du dauphin, elle ne s'était pas sentie encore vraiment reine ; mais, à défaut d'aucune part aux affaires politiques, elle s'était consolée dans la joie d'être mère.

1. Motteville, *Mémoires*, t. I, p. 313.

« La reyne n'abandonne guères (le petit prince), écrivait Mlle Andrieu à Mme de Senecey, le 9 avril 1639. Elle prend grand plaisir à le faire joüer et à le mener promener dans son carrosse quand il fait beau. C'est tout son divertissement ; aussy n'y en a-t-il point d'autre dans sa cour (1). » La naissance d'un second fils (1640) n'enleva rien à l'amour qu'elle montrait envers son premier-né. Lorsque plus tard tous deux tombèrent malades, la reine ne pouvait dissimuler cette « tendresse infinie » qu'elle avait pour Louis, « plus grande que pour (Philippe), qu'elle aimoit néanmoins beaucoup (2). » A peine Louis XIII expiré, elle avait été droit au dauphin devenu Louis XIV, saluant et embrassant, les yeux pleins de larmes, « son roi et son enfant tout ensemble (3). » Bientôt elle l'avait conduit au parlement, étant encore « à la bavette (4) », et le parlement, qui se prétendait le tuteur de nos rois, avait admiré, avant de s'en prendre à l'autorité de son pupille, cet héritier de la couronne, acclamé par la France comme un présent du ciel.

La vie de la régente et du roi mineur au Louvre, puis au Palais-Cardinal, transformé par la mort de Richelieu en Palais-Royal, continua joyeuse d'abord,

1. Affaires étrangères, *France*, t. DCCCXXXIII, pièce 95, fol. 95.
2. Motteville, *Mémoires*, t. I, p. 394.
3. *Ibid.* p. 96.
4. *Ibid.*, p. 105.

sombre ensuite, toujours unie. D'après Mme de Motteville, qui nous décrit le régime quotidien pour l'année
1644, le prince se rendait chez la reine dès la matinée,
et il demeurait avec elle tout le long de la journée,
sauf aux heures des jeux et des repas, où l'étiquette ne
le permettait point (1). Ce bonheur, que dans sa première enfance il avait goûté auprès de sa mère, il est
remarquable qu'il ne cessa jamais de le rechercher. Le
plus touchant éloge qu'il fera de la feue reine dans ses
Mémoires, nous semble moins l'expression de sa reconnaissance pour le pouvoir assuré par elle sur sa tête,
que le témoignage de son plaisir constant à se trouver jusqu'à la fin auprès d'elle (2).

La familiarité qui aurait pu résulter de cette fréquentation perpétuelle n'ôtait rien au respect ni de
part ni d'autre. Louis XIV, haranguant le parlement
en présence de sa mère (1645), en donna à celle-ci une
marque précoce et touchante (3).

1. Motteville, *Mémoires*, t. I, p. 170.

2. « Cette habitude, que j'avais formée à ne faire qu'un même logis et
qu'une même table avec elle, cette assiduité avec laquelle je la voyais
plusieurs fois chaque jour, n'était point une loi que je me fusse imposée
par raison d'État, mais une marque du plaisir que je prenais en sa compagnie. » *Mémoires de Louis XIV pour l'instruction du dauphin*, année
1666, édit. Ch. Dreyss, 1860, t. I, p. 122.

3. Motteville, *Mémoires*, t. I, p. 237 et 238. — Laporte, valet de chambre de Louis XIV, a laissé des *Mémoires* plutôt justificatifs qu'historiques,
et qui doivent être consultés avec une extrême réserve. Nous citons ici
son témoignage, mais seulement parce qu'il concorde avec celui de Mme
de Motteville, reconnu plus véridique. Bien que Laporte explique cer-

Dans le but de maintenir ces sentiments, Anne d'Autriche eut l'habileté de ne point s'en remettre complètement du devoir d'élever son fils aux gens de la maison qu'elle lui constitua (1646). A Mazarin, elle laissa le choix du gouverneur (1) et du précepteur (2), et l'investit même du titre nouveau de « Surintendant de la conduite du Roy et de Monsieur son frère » ; mais elle sut garder pour elle la direction supérieure et ce contrôle moral, droit inaliénable d'une mère.

« La Reine, qui s'étoit réservé la surintendance naturelle qu'elle avoit de l'éducation du Roi son fils, par dessus celle qu'elle avoit abandonnée à son ministre, prenoit un grand soin d'entretenir dans l'âme de ce jeune prince, à mesure qu'il augmentoit en âge, les sentiments de vertu, de sagesse et de piété qu'elle lui avoit inspirés dès son enfance, aimant mieux empêcher que de jeunes esprits comme lui n'altérassent l'innocence de ses mœurs, que de le voir plus instruit de toutes les choses qui ont accoutumé d'ôter à la jeunesse une certaine timidité qui procède du jugement et qu'elle perd toujours trop tôt (3). »· Cette assertion générale

---

tains faits par d'autres causes, il avoue que Louis XIV avait « toujours eu beaucoup d'affection pour la Reine, et beaucoup plus même que les enfants de cette condition n'ont accoutumé d'en avoir pour leur mère. » *Mémoires*, édit. Michaud et Poujoulat, p. 47.

1. Nicolas de Neufville, marquis de Villeroi. *Gazette*, 1646, p. 168.

2. L'abbé Hardouin de Péréfixe de Beaumont.

3. Motteville, *Mémoires*, t. I, p. 265.

de Mme de Motteville serait expliquée et confirmée
par mille détails, pour qui suivrait le fil complexe de
ses minutieux récits. Avec elle, on verrait la reine-mère
veiller dans les plaisirs de son fils à l'observation d'une
rigoureuse modestie ; on l'accompagnerait aux églises
et aux pèlerinages où elle le menait si souvent, par
exemple à son couvent préféré du Val-de-Grâce, en la
semaine sainte de 1647. Tandis que la bonne reine
Anne, adonnée à la pénitence et aux œuvres de miséricorde, regarde panser les plaies d'une religieuse
atteinte d'un cancer ; tandis que, par sa tenue irrépro-
chable à l'office, le cardinal Mazarin excite l'admiration
du peuple, le petit roi, plus libre d'allures, assiste
aux ténèbres, « courant çà et là, soufflant les bou-
gies et faisant les actions d'un enfant qui aime à
jouer (1). »

Quelques mois après cette délicieuse scène, une
violente maladie faillit emporter Louis XIV ; la petite
vérole le réduisit à une telle extrémité que les médecins désespéraient. La reine s'était évanouie au chevet
du lit. Tout à coup la fièvre tomba et Dieu redonna à
sa mère et à la France l'enfant qu'avaient obtenu leurs
vœux. Ce fut une nouvelle occasion pour le jeune roi
de manifester, avec son filial respect envers Anne
d'Autriche, les merveilleuses qualités dont il paraissait
doué.

1. Motteville, *Mémoires*, t. I, p. 332.

« Dans cette maladie, le Roi parut à ceux qui l'approchoient un prince tout à fait porté à la douceur et à la bonté. Il parloit humainement à ceux qui le servoient ; il leur disoit des choses spirituelles et obligeantes, et fut docile en tout ce que les médecins désirèrent de lui. La Reine en reçut des marques d'amitié qui la touchèrent vivement ; car à tout moment il l'appeloit, et la prioit de se tenir auprès de lui, l'assurant que sa présence diminuoit beaucoup son mal. Aussi la Reine nous assura que dans toute sa douleur, elle n'avoit appréhendé de le perdre que par la seule tendresse, et qu'elle l'auroit regretté parce qu'elle l'aimoit et par la qualité de fils, sans mêler celle de roi, dont elle nous dit n'être nullement touché.

» Les François avoient sujet d'espérer qu'ils verroient un jour ce jeune Roi devenir aussi grand par les qualités de l'âme qu'il l'étoit déjà par sa couronne. Ils le regardoient comme un roi que Dieu leur avoit donné pour exaucer les prières publiques et comme un enfant de bénédiction : ses perfections remplissoient les yeux de ses sujets, tant par sa personne que par ses inclinations, qui paraissoient toutes bonnes et portées à la vertu et à la gloire. L'impression de la puissance que Dieu lui destinoit étoit marquée dans toute sa personne et dans toutes ses actions. Nous ne lui avons jamais vu de ces sentimens opiniâtres qui sont naturellement dans les enfans ; la Reine, par raison et par l'obéissance qu'il avoit pour elle, le conduisoit toujours à ce qu'elle vouloit de lui.

» J'ai souvent remarqué avec étonnement que, dans ses jeux et dans ses divertissemens, ce prince ne rioit guère. Ceux qui avoient l'honneur de l'approcher lui disoient trop souvent, ce me semble, qu'il étoit le maître ; et quand il avoit quelque petit différend avec Monsieur, en des occasions qui ne manquent jamais d'arriver dans l'enfance, la Reine vouloit toujours qu'il fût obéi, et il sembloit qu'elle auroit désiré le pouvoir respecter autant qu'elle l'aimoit. Tant de grandeurs anticipées ne lui pouvoient jamais paroître dangereuses, vu l'innocence naturelle des mœurs de ce jeune monarque, qui lui donnoit lieu d'espérer que Dieu, qui est l'auteur de la nature, en lui envoyant d'en haut l'esprit de sapience comme à Salomon, avec le don de persister dans l'usage de la sagesse plus qu'à lui, rendroit sa vie agréable à ses yeux, et son règne accompagné d'une prospérité continuelle. *La principauté du sage sera stable* (1). » Un second Salomon ! Mieux eût valu peut-être ne pas nous altérer les premières impressions de confiance et d'espoir en évoquant l'image, sitôt assombrie, du grand règne biblique ! L'esprit de sagesse habitait seul alors dans l'âme de Louis, et l'on se flattait qu'il n'en serait point banni.

---

1. Motteville, *Mémoires*, t. I, p. 396.

En 1648, la cour ne connaît encore que des plaisirs honnêtes, convenables à la gravité d'une reine plus sérieuse et plus dévote que son milieu. Survient la Fronde. Elle fait éclater dans cette femme une virile fermeté, une intrépide vaillance, une piété qui ne consiste plus seulement en fréquentes oraisons, en larges aumônes, en visites des prisonniers et des misérables ; la souveraine regarde sans peur les plus menaçants périls, accepte la lutte, ne doute point de la Providence, et mérite de sortir victorieuse de l'épreuve.

A ses côtés, se formant à l'école du dénûment et de l'abandon, les yeux ouverts sur les trahisons et les révoltes, sur les défaillances des amis et les insolences des ennemis, le roi n'avait pas le loisir de se corrompre au milieu d'une vie trop facile. Ici encore les *Mémoires* de la femme de chambre d'Anne d'Autriche nous sont d'un grand secours. Le jour même où elle avait rejoint la régente réfugiée à Saint-Germain (21 février 1649), Mme de Motteville lui transmit une pénible commission ; elle était chargée par la triste Henriette, reine d'Angleterre, de déclarer à la reine de France que Charles Ier, dont le meurtre était accompli (9 fév.), n'avait perdu le trône et la vie que pour avoir ignoré la vérité ; elle fit en conséquence à sa maîtresse le tableau de Paris insurgé, tel qu'il était en réalité. Très calme, Anne d'Autriche répondit par ces paroles, qui contiennent pour nous un précieux témoi-

gnage sur Louis XIV dans sa onzième année. Elle dit
« qu'elle croyoit bien faire, et qu'elle laissoit le reste
sous la conduite de Dieu, de qui elle espéroit par sa
miséricorde qu'il n'abandonneroit pas l'innocence du
Roi, qui, selon les apparences, avoit encore conservé
devant ses yeux la *grâce de son baptême* ». Si indul-
gente que soit une mère pour son fils, elle a souvent
pour lire en son âme un don unique d'intuition. Dans
l'impossibilité de sonder plus avant la conscience du
royal enfant, nous nous en rapportons volontiers à
cette assurance maternelle. Et puisque c'est à l'automne
de cette même année 1649 que Louis reçut le P. Paulin
pour son premier confesseur, l'on aime à penser qu'il
découvrit aux regards consolés du religieux la beauté
d'une âme où ne s'était jamais voilé le charme de l'innocence.

C'était le fruit de l'éducation maternelle.

La noblesse de sentiments d'Anne d'Autriche, la
conscience de sa responsabilité devant Dieu et devant
la France, sa sollicitude pour l'avenir de son fils comme
roi et comme chrétien, vont nous apparaître tout entiè-
res dans une circonstance solennelle : la Première
Communion de Louis.

Chapitre Deuxième.

Le choix du premier confesseur.

Louis XIV venait d'entrer (5 septembre 1649) dans sa douzième année, et il n'avait encore ni reçu la Confirmation ni fait sa Première Communion.

Mais il n'avait pas attendu cette époque pour s'approcher du sacrement de pénitence.

D'après une lettre du P. Le Mairat au général des Jésuites, Vincent Caraffa, en date du 3 janvier 1647, il était alors de publique notoriété que le roi, depuis un an et plus déjà, se confessait pour toutes les bonnes fêtes à son précepteur de belles-lettres. L'abbé de Beaumont, comme on appelait alors Hardouin de Péréfixe, n'avait cependant ni le titre, ni les gages de confesseur du roi (1). Sans doute il reçut les premiers aveux de Louis au tribunal sacré, mais il ne pouvait

---

1. Dans les *États de la maison du roi*, t. II (1643-1657), conservés aux Archives nationales (Z¹ A, 473), le nom du confesseur figure en blanc.

Le P. Rapin, dans ses *Mémoires*, t. I, p. 198, avance que le P. Paulin fut choisi par la reine « quand le Roy commença à avoir l'âge de raison ». Cette assertion, contraire à la lettre de Le Mairat, est fausse. Mme de Motteville, *Mémoires*, t. I, p. 323, dit que dans la querelle du jansénisme « la Reine prit aussitôt le parti des Jésuites, qui avoient l'avantage de gouverner la conscience du Roy ». Ces derniers mots ne semblent pas davantage exacts, appliqués, comme ils le sont, à l'année 1647.

être, à proprement parler, un directeur de la conscience royale. Le monarque était encore trop enfant.

Maintenant il entrait dans une période nouvelle. L'âge de Louis appelait un guide spécial exclusivement occupé du soin d'éclairer son âme et de former son caractère aux habitudes de la vie chrétienne.

Il était temps de lui choisir un confesseur en titre.

Le dernier confesseur royal avait été le P. Jacques Dinet, qui, avec saint Vincent de Paul, assista Louis XIII à son lit de mort. La régente, qui s'était adressée d'abord pour sa direction à Pothier, évêque de Beauvais et son ministre (1), avait paru incliner alors pour que le confesseur du jeune roi fût aussi un évêque, voulant ainsi exclure la Compagnie. Mais Mazarin lui avait représenté, dès 1643, que ce serait là commettre

---

1. C'est peut-être le lieu de faire remarquer que depuis fort longtemps les Jésuites n'étaient plus confesseurs d'Anne d'Autriche. Elle avait amené en France à sa suite le P. del Arco, de la Compagnie de Jésus ; mais il ne resta à Paris que jusqu'en septembre 1618. *Recherches critiques et historiques sur le P. Coton,* par le P. Prat, 1878, in-8°, t. V, p. 380. — Elle s'adressa ensuite au P. François de Riba, Espagnol, de l'Ordre de Saint-François ; puis, durant trente-sept ans, au P. François Fernandez, autre Cordelier espagnol, mort à Paris, au Grand-Couvent, le 9 janvier 1653, à l'âge de quatre-vingt-quatre ans. La mazarinade intitulée : *Lettre interceptée d'un serviteur de Dieu* (1652), en fait un portrait satirique (p. 7). La *Gazette,* au contraire, sans doute inspirée par la reine, le montre « toujours dans le Cloître sans passion, et dans la Cour sans interest, chéri de Leurs Majestez Très Chrestiennes, honoré de tous les Grands du Royaume, » etc. (*Gazette,* 1653, p. 48.) Il eut pour successeur un troisième Cordelier, le P. Philippe Le Roy, de Saintonge, docteur en théologie. Cf. Arçhon, *Histoire ecclésiastique de la chapelle des Rois de France,* 1711, in-4°, t. II, p. 793 794.

HIC EST
MONSTRORVM DOMITOR,
PACATOR ET ORBIS.

MAZARIN (1602-1661).

(D'après le portrait peint par Mignard.)

une grande erreur et se porter un grave préjudice. Il était bien résolu, quand le temps en serait venu, à laisser les Jésuites en possession de leur charge traditionnelle (1).

Depuis trois ans les amis de la Compagnie comptaient les semestres et s'attendaient à la réalisation de cette promesse. Ils l'avaient espérée pour Pâques 1646, puis pour Noël suivant, et, deux fois de suite, ils n'avaient vu rien venir. Après s'être imaginé qu'un délai plus long était impossible, ils s'étaient repris à craindre que les fêtes de Pâques de 1647 ne leur offrissent la même déception que les précédentes. Le P. Le Mairat, nous l'avons dit, en avait écrit à Caraffa. Il le priait d'intervenir en écrivant à la Reine et au cardinal, ou au cardinal seul, la Reine étant soumise en tout aux conseils ou aux commandements du ministre. C'était compter sans l'esprit religieux et désintéressé du général de son Ordre. « Votre troisième lettre, lui répondit celui-ci (15 février 1647), contient des conseils qui m'ont surpris. Je suis absolument contraire à votre avis. Loin de moi la pensée de m'ingérer jamais dans l'affaire que vous me suggérez. En pareille matière d'ailleurs mon intervention serait plus nuisible que profitable et à la Compagnie et à vos intentions. »

---

1. *Carnet* IV, p. 63. Voir sur ce passage le sixième article de M. Cousin, dans le *Journal des Savants*, janvier 1855, p. 22.

Il est à croire que Le Mairat se le tint pour dit et cessa d'insister. Le P. Caraffa mourut le 8 juin 1649, sans avoir tenté de faire prendre parmi les Jésuites le premier confesseur de Louis XIV.

En octobre 1649 la question du choix était encore en suspens ; la solution ne pouvait toutefois tarder beaucoup.

JE crois, écrivait le P. Paulin, supérieur de la Maison professe de Paris, au P. Florent de Montmorency, vicaire-général de la Compagnie, que *demain* le confesseur du roi sera déclaré. Ceci est tout à fait probable. Sur lequel de nous cette fonction si importante et si périlleuse doit-elle tomber, cela n'est pas tout à fait incertain ; mais, étant donné le cours des choses humaines, on ne peut être sûr de rien avant la déclaration.

Le vrai *demain* se fit attendre plus de deux semaines encore.

Le 29 octobre seulement, le P. Le Mairat, provincial de France, pouvait écrire à Montmorency :

Mardi dernier, qui fut le 26 du mois, l'illustrissime évêque de Rodez (Hardouin de Péréfixe de Beaumont) vint me trouver, se disant envoyé de la Reine Très Chrétienne pour me signifier que Sa Majesté avait choisi, pour confesseur du Roi son fils, le P. Paulin, préposé de la Maison professe. Sa volonté est qu'au jour proche de la Toussaint ce Père se rende au Palais-Royal pour recevoir la·confession du Roi, et que de

mon côté j'écrive tout cela le plus tôt possible à Votre Paternité, au nom de Sa Majesté elle-même. Je l'en avise seulement
maintenant, n'ayant pu le faire plus tôt. Dans un jour ou
deux, je rendrai grâce à la Reine et au cardinal pour l'insigne
bienfait qu'il nous a conféré. Votre Paternité y ajoutera par
surcroît ce que dans sa sagesse elle jugera à propos, etc.

Moins bien informée, la *Gazette* du 30 octobre
annonça la nouvelle comme antérieure de deux jours.
La lui avait-on communiquée par avance ?

Le 24 de ce mois, la Reine envoya l'évesque de Rhodez,
Précepteur du Roy, dans la Maison professe des Iésuites,
leur faire sçavoir que Sa Majesté avoit retenu pour confesseur
du Roy, le Révérend Père Charles Paulin, Iésuite, Supérieur
de la Maison professe de S. Loüis : dont la prudence, piété
et charité désintéressée s'est rendue publique par la conduite
qu'il a euë des affaires spirituelles de la maison des Pères de
l'Ordre de Sainte-Croix : Comme sa doctrine et son éloquence
ont esté reconnues pendant le long temps qu'il a régenté en
cette ville : ce choix s'estant fait avec la joye et l'aprobation
de toute la cour.

Autant de mots dans cet article, autant d'allusions à
des faits « publics » et « reconnus » en ce temps-là ;
autant d'énigmes aujourd'hui ! Qui était ce P. Paulin,
si bien vu de la « ville » et de la « cour », nous allons
le rechercher brièvement.

Chapitre Troisième.

Le passé du Père Paulin.

PLUSIEURS des confesseurs de Louis XIV appartiennent à l'histoire. Les attaques dont ils ont été l'objet y sont peut-être pour autant et plus que les services rendus par eux à la cause de la religion. Le P. Annat serait sans doute moins connu sans la dix-septième *Provinciale*, les PP. de la Chaize et Le Tellier sans leur portrait tracé *à la diable*, par Saint-Simon, *pour l'immortalité*. Accusations ou apologies entretiennent leur renommée. Le Tellier vient d'être définitivement vengé des calomnies du terrible duc et pair (1). La Chaize avait déjà sa monographie, due au savoir du dernier éditeur de Retz, M. Chantelauze. Quiconque touche à l'éternelle question des casuistes ne manque guère d'évoquer la mémoire du P. Annat.

Il est, au contraire, un autre confesseur de Louis XIV qui aurait plutôt besoin d'être révélé que défendu ; c'est celui de la veille du grand règne, le religieux qui prépara le roi aux sacrements de Confirmation et d'Eucharistie, travailla à sa première éducation chrétienne,

---

1. *Les Mémoires de Saint-Simon et le P. Le Tellier, confesseur de Louis XIV*, par le P. Bliard, S. J. Paris, 1891. In-8.

et fut ravi brusquement par la mort à son affectueuse
estime, au moment même où pareil guide eût été plus
que jamais nécessaire à sa jeunesse.

Le silence de la plupart des historiens sur le Père
Charles Paulin nous a paru constituer un oubli regret-
table (1). Aux yeux de quiconque étudie l'influence
exercée par le prêtre au confessionnal sur le royal
pénitent, ceux-là, parmi ses directeurs, ont dû mettre
plus facilement leur marque sur son esprit et sur son
caractère, qui furent chargés de l'éclairer et de le conduire, non aux heures troublées où l'orgueil et la passion l'égaraient, mais aux heures sereines de ses premiers pas dans la voie de la piété et du devoir.

L'on a reproché aux confesseurs de la seconde période leur longue impuissance à maintenir le roi dans
la pratique de la vertu ou à l'y rappeler. Les PP. Annat,
Ferrier et de la Chaize ont porté chacun leur part,
fondée ou non, de responsabilité. Quels que puissent
être leurs torts ou leurs mérites, nous ne croyons pas
qu'il soit juste de les faire figurer seuls au premier plan,
pour reléguer dans l'ombre leur prédécesseur immédiat. Nous avons donc pensé qu'une simple esquisse
de la vie et des actes de ce devancier moins célèbre ne
serait pas inutile ici, en mettant au jour le rôle du

1. Crétineau-Joly, dans son *Histoire de la Compagnie de Jésus*, 3ᵉ édition, 1859, in-12, t. IV, p. 298, ne le nomme même pas. L'abbé Grégroire,
dans son *Histoire des confesseurs des empereurs, des rois*, etc., 1824,
in-8°, p. 353, le nomme en passant, et c'est tout.

religieux qui formera quelque peu, en Louis XIV, l'homme dans l'enfant et le roi dans l'homme.

Charles Poulain — telle est la forme primitive de son nom — naquit à Orléans, le 3 juin 1593 (1). Ce n'est que vingt-six ans après, dans une lettre de lui écrite en 1619, que nous avons rencontré pour la première fois sa signature sous la forme nouvelle de *C. Paulinus* (2). Le changement s'opéra trop tard pour que les contemporains n'aient point gardé le souvenir du véritable nom de la famille. Dans certain pamphlet d'un style détestable et d'une verve bouffonne, paru en 1651, on l'accusera d'avoir « bien sceu desguiser son nom (3). » La condition de ses parents semble avoir été modeste. D'après la même *mazarinade*, on l'aurait « tiré de la Charete d'un Roulié » ; et là-dessus l'auteur anonyme observe que c'était vraiment « belle accademie et digne manege pour de

1. L'acte de baptême manque aux registres paroissiaux. (Communication de M. J. Doinel, archiviste du Loiret.)

Nous nous appuyons ici sur la notice composée au dix-huitième siècle par Dom Gerou (1701-1767) dans sa *Bibliothèque des auteurs orléanais*, ouvrage resté manuscrit. En voici un extrait, que nous devons à l'obligeance de M. Jarry : « Charles Paulin, Jésuite... était fils d'un procureur au Châtelet d'Orléans, sa patrie, dont la famille était originaire de St-Benoît-sur-Loire. Il naquit en 1593 de H. Poulin et d'Anne Hurault. » Voir encore les *Généalogies des principales familles de l'Orléanais*, par C. de Vassal, Orléans, 1862, p. 236, et les *Mss.* de Hubert, t. VII, fol. 131. Bibliothèque d'Orléans, *Ms.* in-4, 457 *bis*.

2. Autographe conservé à la bibliothèque de l'école Sainte-Geneviève.

3. *La Ruade d'un Poulain qui a faict trembler Paris*. A Paris, 1651. In-8. Brochure de 11 pages.

la venir coure la Bague en cour ». Mais ici la calomnie
est manifeste. Le père de Charles était un officier de
justice, procureur au Châtelet d'Orléans.

En 1610, Charles Poulain, âgé de dix-sept ans, avait
achevé ses trois années d'humanités et de rhétorique,
suivies de deux années de philosophie. Le 30 août ou
le 30 septembre, il fut reçu novice de la Compagnie
de Jésus, dans la maison du faubourg Saint-Germain
à Paris. Ce noviciat, fondé sous le vocable de Saint-
François-Xavier, datait à peine de quelques mois. Le
brevet du roi, qui en avait autorisé l'ouverture dans
l'Hôtel de Mézières, est daté du 17 mars (1).

Suivant un usage, qui n'était pas une règle absolue,
mais qui en avait presque l'universalité, Charles re-
passa ensuite, pendant un an, ses études littéraires et fut
nommé *régent*. Il enseigna successivement les gram-
maires, la seconde et la rhétorique, à Nevers. Sept ans
après son entrée en religion, en 1617, nous le retrou-
vons à Orléans, sa ville natale, où il continue à profes-
ser la rhétorique. Dans la lettre, écrite en latin à la
manière des érudits du temps, et datée du 29 novembre
1619, que nous avons déjà citée, il révèle avec quelle
sollicitude il s'occupait de la jeunesse studieuse. Son

---

1. L'honneur de cette fondation revient à cette Madeleine Lhuillier,
dame de Sainte-Beuve, dont la vie édifiante vient d'être de nouveau
racontée. Le Jeu de Paume et l'Hôtel de Mézières, achetés par elle en 1610,
occupaient, avec les terrains acquis dans la suite, l'espace compris entre
les rues de Mézières, Cassette, Honoré-Chevalier et Bonaparte.

correspondant est le P. Denis Petau, originaire comme lui d'Orléans et avec qui il paraît entretenir des relations de famille. Charles Paulin, nous l'appellerons ainsi désormais pour lui plaire, raconte comment il voit chaque jour, au sortir de classe, un jeune homme, — le propre frère de Denis, — auquel il essaye de rendre les bons offices d'un précepteur. On sent percer à travers mainte phrase un dévouement sincère et une constante affection. Le Père Paulin, précepteur de Louis XIV, n'aura rien perdu de ses qualités.

Vers la fin de 1620, le régent orléanais arrive à Paris, au collège de Clermont, et se livre à l'étude de la théologie, tout en exerçant une surveillance chez les pensionnaires, comme *préfet de chambre*. La dernière année, il fut *ministre* des juvénistes.

La rhétorique reprit sur lui ses droits. Il en occupa de nouveau la chaire pendant huit années presque consécutives, et ne quitta Paris qu'un an pour aller faire à Rouen sa dernière *probation*. Le succès qu'il obtint auprès des élèves distingués du premier collège de la rue Saint-Jacques laissa des souvenirs qui vivaient encore vingt années plus tard. La *Gazette* les rappelle à ses lecteurs, pour justifier la nomination de l'ancien régent à la charge de confesseur du roi.

Nous ne croyons pas être téméraire en lui faisant honneur d'avoir collaboré, pour sa part, à une éducation ingrate entre toutes, et, suivant le mot du poète, d'avoir « sué » pour « façonner Gondi (1) ». A l'occasion de la prise de la Rochelle, il composa ou fit composer par le futur cardinal de Retz, alors son élève, un discours latin intitulé : *De christianissimo rege Ludovico Iusto eiusque Rupellana divinitus parta victoria panegyricus a nobili et ingenuo adolesc. P. F. de Gondy dictus* (2).

Ce discours de circonstance, œuvre du maître ou de l'élève, est presque la seule publication du P. Paulin, et il eût mieux fait de s'y tenir. S'il s'était défendu de donner, en 1631, l'édition des *Œuvres* de saint Optat, préparée par l'évêque d'Orléans, Gabriel de L'Aubépine, et interrompue par la mort de ce prélat, il se fût épargné de dures critiques. La préface à Richelieu et la notice sur L'Aubépine forment sans doute toute sa contribution personnelle. Ces pièces abondent en compliments au ministre et au roi sur la défaite des hérétiques calvinistes, mieux connus de Paulin que les donatistes. Ce régent n'était point né pour écrire. Il

1.   Avez-vous vu parfois, sur ce banc, vers midi,
Suer Vincent de Paul à façonner Gondi ?
V. Hugo, *les Rayons et les Ombres*, XXXVI, *la Statue*.

2. Cette pièce, qui a échappé aux savants éditeurs des *Œuvres* complètes de Retz, se trouve dans le recueil intitulé : *Ludovici XIII. Franciæ et Navarræ regis christianissimi triumphus. De Rupella capta, ab Alumnis Claromontani Collegii Societatis Iesu, vario carminum genere celebratus.* Parisiis. Apud Sebastianum Cramoisy, via Iacobœâ, sub Ciconiis, 1628. In-4. (Bibliothèque nationale, Lb³⁶, 2687.)

eut le bon sens, après en avoir fait l'épreuve, de ne jamais récidiver.

La parole était plutôt son fait. Il échangea la chaire de rhétorique contre la chaire sacrée et prêcha deux ans d'abord, devant les pensionnaires de son cher collège de Paris, puis à celui de la Flèche, enfin à Tours, où il est nommé supérieur en 1635, et au collège de Blois, dont il fut cinq ans recteur (1637-1641). Dans ces derniers postes, il acquérait en outre la science pratique des hommes et des affaires, qui fut surtout la sienne. La ville de Blois, c'était déjà la cour, une cour de mécontents où trônait Gaston d'Orléans. Est-ce là que, recteur du collège, il se fit connaître avantageusement du prince d'abord en disgrâce, mais à qui la mort de Louis XIII rendit quelque ombre de pouvoir ? Le P. Rapin affirme dans ses *Mémoires* que le P. Paulin fut plus tard choisi comme confesseur du roi pour avoir eu, outre les qualités requises, « le bonheur d'être agréable au duc d'Orléans, dont il fallait avoir l'agrément (1) ». Mais avant que cette heure sonnât, l'éminent religieux devait revenir à Paris, et y réussir avec éclat dans une de ces positions difficiles qui demandent main ferme et tact délicat.

Au milieu des rares quartiers de l'ancien Paris encore debout, entre les rues Neuve et Vieille-du-Temple, s'étend une voie parallèle à la rue des

---

1. *Mémoires du P. René Rapin*, t. II, p. 198.

Blancs-Manteaux, et qui doit comme elle son origine et son nom à une fondation de saint Louis ; c'est la petite rue Sainte-Croix-de-la-Bretonnerie. Le pieux roi y avait ouvert un couvent à des chanoines réguliers de l'Ordre de Saint-Augustin, appelés dans la langue des Chroniques les *Frères Croisiers*, à cause d'une croix portée sur leur vêtement. Au seizième siècle, ils avaient été aux prises avec les autorités ecclésiastiques et civiles, qui tentaient de les ramener à la stricte observance. Le dernier prélat qui venait d'y échouer était le cardinal François de La Rochefoucauld, plus heureux d'ailleurs à Sainte-Geneviève. La réforme que, sous prétexte de quelques désordres, il avait établie ne s'était pas maintenue plus de trois mois. Les chanoines de Sainte-Croix avaient eu assez de crédit en cour pour renvoyer (13 octobre 1641) les chanoines de la Congrégation de France qu'on avait introduits dans leur monastère. Ils avaient résolu toutefois de se réformer eux-mêmes, promettant de vivre en communauté, de porter l'habit, et de s'astreindre à la règle de St-Augustin (8 octobre 1641) (1).

L'aide qu'ils demandèrent ou acceptèrent leur vint de religieux étrangers à leur Ordre et avec lesquels tout froissement de rivalité était par conséquent

1. Cf. Sauval, *Antiquités de Paris*, 1724, in-fol., t. I, p. 426 ; Félibien, *Histoire de la ville de Paris*, 1725, in-fol., t. I, p. 372 ; Lebœuf, *Histoire de la ville et de tout le diocèse de Paris*, édit. Cocheris, 1863, in-8, t. I, p. 332, 365, 368.

impossible. Vers la fin de 1642, le P. Paulin, arrivé de
Blois en compagnie d'un *socius* et de deux Frères
coadjuteurs, était installé en qualité de supérieur dans
le couvent soumis et repentant. Les qualités qui
l'avaient désigné pour ce poste étaient, d'après la
lettre circulaire publiée après sa mort, « une grande
douceur en sa conversation, une agréable franchise
pour gagner les affections, et une grande prudence
pour la conduite des consciences (1). » Son compagnon,
le P. Jean de La Croix, enseignait la philosophie et
remontait le niveau des études scolastiques. Les deux
coadjuteurs, l'un *acheteur*, l'autre *portier*, occupaient
les abords de la place et coupaient les communications
avec le dehors. En même temps, les œuvres de charité refleurissaient au dedans. L'église, placée sous le
vocable de l'Exaltation de la Sainte-Croix, recevait en
1643 une Confrérie de Notre-Dame et Saint-Joseph,
récemment érigée pour l'assistance des malheureux et
des pauvres. L'œuvre prit un rapide essor, et, six ou
huit mois après ses débuts, l'association comprenait
près de cinq mille confrères.

La ferveur revint avec la discipline, à quoi le
P. Paulin s'employait avec « grande édification et
profit (2) ». Au bout de trois ans, chacun était rentré
dans la bonne voie et les Croisiers convertis déli-

1. *Recueil Ribeyrete*, ms. pièce 54.
2. *Ibid*.

vraient, le 7 décembre 1644, à celui qui avait été leur
instructeur et leur père, un témoignage de savoir et
de vertu. Par d'autres lettres du 2 février 1645, le
général de l'Ordre entier de Sainte-Croix *(Cruciferi)*
lui adressait également une lettre débordant de reconnaissance pour ses exemples de dévouement, de charité et de piété ; il l'y faisait participant à tous les
mérites des Frères présents et à venir.

La Révolution a mis, depuis cent ans, bon terme à
ces prières et à ces œuvres pies. Le prieuré de Sainte-
Croix-de-la-Bretonnerie fut vendu en 1793 et démoli.
Mais les expulseurs y avaient trouvé de vrais moines,
occupés aux grands travaux des Bénédictins et ne
désirant sauver du désastre que leurs livres d'histoire. La réforme catholique du dix-septième siècle
avait duré.

De la rue Sainte-Croix-de-la-Bretonnerie à la rue
Saint-Antoine la distance était courte ; au sortir du
couvent, le P. Paulin s'arrêta dans la Maison professe
de la Compagnie de Jésus (aujourd'hui le lycée Char-
lemagne), et il y passa le reste de sa vie.

A la fin de 1645, il y remplissait les fonctions de
confesseur. Avec quel zèle sacerdotal il s'en acquittait
et quelle ardeur apostolique il déployait, nous le
savons par la *Vie* d'une personne de haute piété,
femme d'un magistrat de Blois, nommée Mme Courtin,
et qui, avec son mari, avait fondé dans cette ville, en

1624, un pensionnat de religieuses Ursulines (1). Comme elle se trouvait à Paris (juillet 1645), chez sa fille, Mme de Dampierre, elle fut assistée à ses derniers moments par le P. Paulin. Cette scène, d'une grandeur qui étonne, nous a été conservée dans un émouvant récit (2).

Deux ans après (1647), le P. Paulin, qui avait fait apprécier sa conduite pleine de sagesse dans la direction des âmes, fut nommé supérieur de la Maison professe des Jésuites. La cour avait les regards fixés sur cette résidence bâtie par Louis XIII et Richelieu ; sur cette église de Saint-Louis qui gardait le cœur du feu roi et montrait au haut de sa façade les armes de la régente Anne d'Autriche ; sur cette communauté où vivait, auprès du P. Dinet, le dernier confesseur royal, celui qui devait inaugurer le nouveau règne.

Louis XIV n'avait pas dix ans. Le vrai roi était encore Mazarin. Le cardinal, qui couvrait depuis longtemps la Compagnie de JÉSUS de sa protection déclarée, fut le premier à entrer en rapports avec le supérieur actuel des Grands-Jésuites. Une demande de service en fut l'occasion.

Le 7 octobre, trois gentilshommes se présentaient au P. Paulin au nom du ministre. Ils venaient lui

---

1. *Les Ursulines de Blois*, par l'abbé Richaudeau. Paris, Lecoffre, 1859. 2 vol. in-12, t. I, p. 134.

2. *Ibid.*, p. 145

annoncer que l'Éminentissime cardinal confiait à la Société l'éducation de son neveu, Paul Mancini, âgé de treize ans. Cet Italien était arrivé en France, au mois de mai précédent, avec les trois célèbres nièces Laure et Olympe Mancini et Anne-Marie Martinozzi (1). L'oncle tout-puissant priait le P. Paulin de s'intéresser à ce neveu et de régler et disposer pour lui les choses jugées utiles ou nécessaires. L'offre fut acceptée.

Le P. Paulin choisit, au collège de Clermont, une chambre dans le quartier des pensionnaires, un préfet de chambre, une classe et une place au réfectoire. Ces attentions intelligentes causèrent un vif plaisir à Mazarin ; mais, en se montrant mécontent, le cardinal eût été difficile. L'ancien régent de la rue Saint-Jacques avait si bien arrangé toutes choses ! Les appartements affectés au nouveau venu étaient, ni plus ni moins, ceux que venait de laisser libres, après dix ans d'études, le prince de Conti, Armand de Bourbon, et qui conservèrent le nom de « quartier Conti. »

Mazarin fit-il à la reine l'éloge du P. Paulin, ou celui-ci, par le seul fait de ses fonctions de supérieur, fut-il consulté par la régente sur les affaires ecclésiastiques du royaume ? toujours est-il que le religieux fut bientôt à même de donner à Anne d'Autriche des

1. *Gazette*, 1647, p. 621 et 711.

conseils importants sur la conduite à tenir vis-à-vis du
jansénisme ; mais s'il applaudit à la disgrâce du prédicateur Toussaint Desmares (2 février 1648), et se
montre jaloux de sauvegarder la pureté de la foi et
intransigeant dans les questions de principes, il aime
peu les conflits et se montre conciliant dans les querelles de juridiction ou de privilèges entre réguliers et
séculiers.

Cette modération dans le jugement porta le cardinal Mazarin à se servir de lui dans les négociations
les plus compliquées, et avec un prélat d'un génie
redoutable, Paul de Gondi, devenu M. le Coadjuteur.
Gondi, en maniant les fils enchevêtrés de la Fronde
parlementaire, n'était arrêté par aucun scrupule, même
de reconnaissance envers la reine, de qui il tenait sa
coadjutorerie ; il avait pourtant conservé un reste
d'égards pour son régent de rhétorique au collège
de Clermont. Le P. Paulin en profita dans l'intérêt
de la paix ; il serait parvenu à calmer les ressentiments
de l'obstiné Coadjuteur contre son rival Mazarin, si
une volonté humaine avait pu y parvenir.

Quelques mois après la paix de Rueil signée le
1er avril 1649, une cérémonie triomphale destinée à
la consacrer attira de nouveau l'attention de la cour
sur le supérieur de la Maison professe. Le 25 août se
fit, pour emprunter le langage de la *Gazette* (1), « la

---

1. *Gazette de France*, 1649, p. 720 et suiv.

RENTRÉE DU JEUNE ROI A PARIS,

LE 18 AOUT 1649.

(D'après une estampe du temps, *Bibl. Nat.*)

cavalcate du Roy allant à l'église de S. Loüis ; auquel lieu Leurs Majestez entendirent les vespres et le sermon où estoit aussi le cardinal Mazarin. » La visite royale qui avait lieu chaque année, eut cette année-là un éclat extraordinaire. C'était la réapparition définitive de la cour dans Paris, où elle n'était rentrée que le 18 août. La fête de l'aïeul et du patron de nos rois lui avait semblé enfin une heureuse occasion de rattacher le peuple à ses souverains, en évoquant dans une même solennité les sentiments monarchiques et religieux. La composition du cortège était splendide. Après le grand prévôt de l'hôtel et les maréchaux de France, les ducs et pairs, les officiers de la couronne, les princes de Condé et de Conti, s'avançait le jeune roi, seul : « Sa Majesté estant montée sur vn des plus beaux chevaux de son escurie, vestuë d'vn habit gris de perle en broderie d'argent, et d'vn port si agréable et si majestueux qu'il enclinoit également à l'amour et à la révérence les cœurs de tout le peuple qui lui donnoit, outre ses acclamations continüelles, mille bénédictions. »

Paris avait senti son maître. Le menu peuple lui-même, las de son roi des Halles, était fier d'acclamer cet enfant, qui dans toute sa personne était déjà « le Roi ». Sa Majesté satisfait, continue la *Gazette*, « à l'amoureuse ardeur de la contempler sans empêchements ! » On donna libre carrière à cette dévotion

et tout fut calculé pour permettre aux regards avides
de se reposer sur la belle mine de Louis XIV. Partie
vers deux heures du Palais-Cardinal à travers les rues
tapissées, la pompeuse cavalcade avait suivi les rues
Saint-Honoré et Verrerie, traversé ensuite le marché
Saint-Jean, et elle était entrée dans « la spacieuse rüe
de S. Anthoine, tirant droit aux Iésuites ». Des bou-
tiques échafaudées en amphithéâtre, des auvents et des
toitures, partait sur tout le passage un continuel « Vive
le Roy ! » Quand on eut fendu à grand'peine le reflux
de la foule, « toute la communauté des Iésuites vint
recevoir Leurs Majestez à la porte : le Père de Vanta-
dour leur estant venu tesmoigner la joye qu'ils avoyent
de se voir honorez de leur présence en cette sainte
journée : pendant lesquels complimens on tira quantité
de boëtes autour de la fontaine qui est vis-à-vis de
l'auguste portail de cette église-là. »

Le souvenir de cette réception fut-il pour quelque
chose dans les bontés que la reine et le cardinal conti-
nuèrent de répandre sur les Jésuites de Saint-Louis ?
On pouvait le croire deux mois après, lorsque le Père
Paulin fut l'objet de la demande qui aboutit à sa
nomination comme confesseur du roi.

Anne d'Autriche ne voulut point laisser à d'autres le
soin d'apprendre au vicaire général de la Compagnie
de Jésus qu'elle avait choisi le P. Paulin pour lui confier
la direction religieuse de Louis XIV. Le 28 octobre

**HOMMAGES RENDUS AU JEUNE ROI
LORS DE SA RENTRÉE A PARIS, LE 18 AOUT 1649.**

(D'après une estampe du temps, *Bibl. Nat.*)

La reine Anne d'Autriche est à gauche. — Derrière le jeune roi, debout sur les marches du trône,
sont le marquis de Villeroy à gauche, et Gaston d'Orléans à droite. — Le personnage qui s'incline
devant le roi est le duc de Beaufort, suivi du coadjuteur de Retz et du maréchal de la Mothe

1649, elle écrivait en ces termes au Père Florent de Montmorency :

« Révérend Père de Montmorency, — Le Roy Monsieur mon filz estant, par la grâce de DIEU, paruenu à un aage où il est bezoing de commencer à luy donner un directeur de la conscience, affin que de bonne heure Il puisse former unne conduitte de vie qui responde au tiltre que sa naissance luy donne de Roy Très Chrestien et filz aisné de l'Eglise, Je me suis resouvenue de la parolle que Je donnay aux Pères de vostre Compagnie dès le commencement de ma régence, que Je n'en choisirais point quand il en serait temps que parmy eux, ayant recognu par unne hureuse expérience, en la personne du feu Roy Monseigneur et espoux, de glorieuse mémoire, qu'on ne peut trauailler dans un employ plus important avec plus de solicitude et plus de succez qu'ils font, et comme Je cognois de longue main le grand méritte et la singullière vertu du Père Paulin, c'est sur luy que J'ai jetté les yeux, pour luy commettre ce soing de la conscience du Roy, n'estimant pas pouuoir mettre un sy précièux dépost en de meilleures mains que les siennes, ny plus capables d'insignuer dans ce jeune esprit des maximes solides et la véritable piété ; de quoy J'ay bien voulu vous donner aduis, ne douttant point que cette nouuelle ne vous soit agréable et estant d'ailleurs bien aise de proffiter de cette occasion pour vous asseurer de mon affection et

de mon estime, et que Je n'auray jamais lieu de vous
en donner des marques effectives, soit pour vostre
adventage particullier, soit pour celluy de vostre
Compagnie que je n'en embrasse les moyens avec
beaucoup de joie. — Cependant Je prie Dieu qu'il
vous ait, Réuérend Père de Montmorency, en sa sainte
garde. — Escript à Paris, le 28 d'octobre 1649.

» Anne. »

Contresigné : De Lionne (1).

1. L'original se conserve au château de Gemert (Holiande). Une copie
nous en a été adressée par le P. Mury. Les signatures sont autographes.
— Hugues de Lionne, le futur ministre d'Etat, était, depuis le 13 août
1646, secrétaire des commandements de la Reine, et il possédait toute sa
confiance.

LOUIS XIV à l'âge de 5 ans.
(Gravure de J.-Bte Scotin, d'après un tableau
d'Antoine Benoist , 1704, Musée du Louvre.)

Chapitre Quatrième.

L'entrée en fonctions.

LE lendemain du jour où la reine écrivait cette lettre, le P. Paulin informait à son tour le P. vicaire du choix dont il venait d'être honoré. Il racontait sa visite à la reine et la remise du roi entre ses mains ; enfin il exposait le programme encore flottant de ses nouvelles fonctions.

29 oct. 1649, Paris.

JE ne saurais dire à Votre Paternité, sans une confusion extrême, avec quels témoignages de bienveillance notre auguste Reine m'a appelé, le 24 octobre, à entendre les confessions du Roi très chrétien. Le 27, je lui rendis les plus humbles actions de grâces qu'il me fut possible, au nom de la Compagnie tout entière et au mien. Elle remit alors entre mes mains l'enfant qui lui est si cher, notre auguste Roi et maître, et elle me le recommanda de la manière la plus pressante dans la vue du salut de son âme. De son propre mouvement, — ce que m'enjoindra là-dessus l'Éminentissime Cardinal, je l'apprendrai demain, — elle me dit souhaiter que j'assiste chaque jour Sa Majesté dans ses dévotions, quand elle prie DIEU le matin, quand elle étudie les belles-lettres et quand elle entend la Messe. Ainsi ferai-je, si la chose est arrêtée de la sorte avec l'Éminentissime Cardinal. Je reviendrai ensuite au plus vite à la maison ; cependant le P. Vice-Provincial peut très bien y présider en mon absence.

Que le Dieu très bon et très grand m'accorde sa bénédiction ! Je pense beaucoup à la vanité des choses, à mon entrée en cour, mais aussi à ma sortie, méditant attentivement sur l'*hosanna* de Notre-Seigneur Jésus-Christ, suivi du *Crucifige*.

Je demande encore de tout mon cœur et de toutes mes forces à Votre Paternité de me bénir. Je demande et je sollicite également ses salutaires avis. Me devant, moi et tout ce que je suis, à ma mère la Compagnie, je veux me dépenser pour son bien commun. Qu'on n'épargne en rien de me dire ce que j'ai à réformer dans ma conduite ou tout ce que j'ai à perfectionner. Qu'on daigne aussi mettre sous mes yeux ce que je dois prendre garde d'éviter. Les prescriptions que m'adressera Votre Paternité me serviront nuit et jour de leçons.

J'en fais, devant Dieu, déclaration et promesse à Votre Paternité, de qui je suis, dans le Seigneur,

Le fils et serviteur très dévoué en J.-C., etc.

En marge : Quant aux études de belles-lettres de Sa Majesté, c'est à peine si ce qui m'est demandé pourra se faire sans froisser Mgr de Beaumont, évêque de Rodez ; il est, en effet, attaché à Sa Majesté en qualité de précepteur. De crainte donc que cela n'ait lieu, j'insisterai avec modestie, et j'espère bien échapper à ce surcroît de charge.

Dès ces dernières lignes nous voyons percer une

sorte d'inquiétude dans les rapports du P. Paulin avec le prélat qui, le 28 mai 1644, au temps où il n'était encore qu'abbé et docteur de Sorbonne, avait été désigné par le cardinal Mazarin comme précepteur de Louis XIV, avant même que le roi eût atteint sa septième année. Plus récemment (22 avril 1648), l'abbé de Beaumont venait d'être nommé par Leurs Majestés à l'évêché de Rodez en reconnaissance de sa piété, de sa doctrine et de ses services (1). Il y avait quelques mois à peine (18 avril 1649) qu'il avait été sacré dans l'église de Rueil. Retenu à la cour par ses devoirs envers son royal élève, il faisait administrer par des vicaires son diocèse du Rouergue, où il ne parut qu'en 1655 (2).

Était-ce scrupule pastoral et désir de s'astreindre à la résidence ? était-ce fatigue et besoin de rétablir sa santé épuisée ? le surlendemain de son sacre, l'évê-que de Rodez adressait une lettre à Mazarin pour lui demander d'être relevé de son service auprès du roi. Cette lettre, que nous avons rencontrée, a sa place naturelle ici ; elle nous explique pourquoi la reine avait proposé au P. Paulin de cumuler les fonctions de confesseur et de précepteur, et aussi pourquoi le Père Paulin hésitait à accepter la seconde.

---

1. *Gazette*, 1648, p. 588.

2. *La France pontificale*, Paris, par H. Fisquet, t. I, p. 420 et suiv. ; *Gallia christiana*, t. VII, col. 181.

Villiers, 20 avril 1649.

Monseigneur,

J'AY prié M. Renaudot, mon médecin, d'aller rendre compte
à V. E. de l'estat auquel je suis retombé depuis deux iours,
qu'il a iugé tel qu'il n'y a pas d'apparence que ie puisse
recouurer ma premiere santé, à moins que ie ne viue durant
quelque temps d'une manière dont la prattique n'est point
possible à la cour. Cela m'oblige nécessairement à supplier
V. E. de me dispenser d'y retourner iusqu'à ce que ie sois en
meilleur estat, et de ietter cependant les yeux sur quelqu'un
qui puisse instruire le Roy en mon absence. Elle treuuera
facilement un homme qui remplira mieux cette place que ie
n'ay fait, et qui sera plus digne de son affection et de son
estime que ie ne l'ay esté. Ie souhette seulement qu'il soit
aussy fidelle, car i'ay cette satisfaction qu'estant obligé à V. E.
de l'employ que i'ay auprès de sa Maiesté, ie n'y ay jamais
fait une action qui soit contraire à la recognoissance que ie
luy doibs, ny à la résolution que i'ay faite d'estre toute ma
vie, Monseigneur,

> De V. E.,
>
> Tres humble et obéissant seruiteur
>
> HARDOUIN, E. de Rodez (1).

Nous ne savons point que Mazarin ait fait droit à
une requête si bien motivée, à l'époque où elle lui avait
été adressée, et nous ne croyons pas qu'en octobre il

---

1. Affaires étrangères, *France*, t. DCCCLXIV, fol. 333.

*HARDOUIN DE PEREFIXE de Beaumont, Cons^{er}
du Roy Ordinaire en tous Ses Conseils, Euesque de
Rhodez, Precepteur de sa Majesté*
Par son tres humble seruiteur B. Mocornet

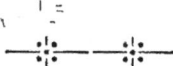

se soit prêté davantage au projet de la reine de remplacer même provisoirement Mgr de Beaumont par le Père Paulin, le précepteur en titre par le nouveau confesseur.

Cette substitution n'aura lieu que trois mois plus tard ; mais, dès ce moment, on peut apercevoir une sorte de conflit latent entre l'éducateur et le directeur du roi. L'un et l'autre obéissent sans doute aux plus purs mobiles de conscience. Le désintéressement dont l'évêque de Rodez fit toujours preuve, son insistance à se démettre d'un revenu de quarante mille livres, n'ayant pour subsister que des ressources médiocres, insistance qui finira par triompher des refus de Louis XIV, son administration exacte et vigilante lorsqu'il sera élevé au siège archiépiscopal de Paris, sa conduite tour à tour conciliante et énergique vis-à-vis du parti janséniste, l'ont mis au premier rang parmi les prélats de ce temps ; mais nous ne saurions disconvenir que le témoignage du Père Paulin, conservant jusque sur son lit de mort une prévention contre lui, mérite d'être tenu en quelque considération ; nous ne saurions oublier non plus que la toute bonne Mme de Motteville, malgré sa bienveillance universelle et parfois excessive, nous a laissé un portrait peu favorable de ce vertueux personnage dans les premières années de son préceptorat, et qu'elle signale en particulier chez lui je ne sais quel esprit de jalousie contre ceux qui le touchaient par leurs attributions, surtout contre quiconque paraissait plus instruit que lui. « Le précepteur qui étoit sous M. le Cardinal fut l'abbé de Beaumont, docteur en théologie, élevé auprès du Cardinal de Richelieu, qui avoit de la probité, mais qui, ne s'étant pas trop adonné aux belles-lettres, étoit par conséquent peu capable de s'appliquer à l'embellissement de l'esprit d'un jeune prince et au soin de l'occuper des grandes et agréables choses qui doivent n'être pas inconnues aux souverains. L'un et l'autre (Beaumont et Villeroi) disoient à ceux qui venoient leur faire des propositions, que leur conduite étoit réglée par le supérieur (Mazarin)... Le précepteur, *jaloux de son emploi*, ne prenoit pas plaisir à faire parler au Roi les gens d'esprit, qu'il auroit peut-être goûtés, et qui lui auroient donné curiosité d'apprendre mille choses qu'il ne savoit pas ; car il avoit naturellement envie qu'on lui dît ce qu'il ne savoit pas, et ne vouloit parler que des choses qu'il savoit (1). » Les modestes représentations du Père Paulin auprès de Mazarin, afin de ne pas s'ingérer en l'office d'un précepteur aussi peu engageant, furent agréées.

Le religieux, ayant obtenu de se renfermer tout entier dans ses fonctions spirituelles, ne songea qu'à préparer dignement le roi à la réception des sacrements de

1. Motteville, *Mémoires*, t. I, p. 264 et 265.

Confirmation et d'Eucharistie. Un second pénitent venait d'être adjoint à Louis XIV ; son frère Philippe, appelé alors le duc d'Anjou, s'approcha, quoique plus jeune de deux ans, le même jour que lui du saint Tribunal ; sans doute, en les réunissant ainsi dans la pratique d'une action pénible à la nature, on avait voulu leur en diminuer les difficultés. Que se passa-t-il entre les deux enfants et le prêtre, c'est le secret sacramentel. Le P. Paulin ne nous a redit que ses impressions toutes de joie et d'édification devant les qualités extérieures du jeune roi. Le 5 novembre, il les communiquait au P. Florent de Montmorency :

5 nov. 1646.

JE suis entré en possession de la conscience du Roi très chrétien et du sérénissime duc d'Anjou le jour de la Toussaint, aidé de la grâce la plus abondante du DIEU très bon et très grand. J'assiste chaque jour Sa Majesté pour ses prières du matin et pour la messe, soit privée, soit solennelle. Je puis dire à Votre Paternité que c'est avec un grand fruit pour mon âme. Il n'est point, en effet, agneau plus doux ni plus traitable que notre Roi.

Déjà, dans toute sa constitution il est si sain et si dispos, qu'aux exercices journaliers il fatigue facilement tous ses courtisans, presque infatigable lui-même. C'est là ce qui nous réjouit, très Révérend Père, joint qu'il y a en lui cette piété que la Reine Très chrétienne lui a, par ses tendres avis et conseils, inculquée dès la première enfance.

Que les prières de Votre Paternité lui viennent en aide, ainsi qu'à moi, qui suis son très obéissant fils et serviteur dans le CHRIST.

P. S. — Je crois que le Roi très chrétien communiera au Corps et au Sang de Notre-Seigneur le jour de la Nativité du CHRIST.

Adresse :

Au R. P. Vic. génér. Florent de Montmorency.

Ce portrait de Louis XIV enfant, entrevu par le P. Paulin à travers le prisme de son admiration, est d'une parfaite ressemblance, comparé à ceux des autres témoins oculaires. Entendre parler d' « agneau » à propos du futur monarque si impérieux et si altier, étonne de prime abord. Mais Laporte nous assure qu'il « étoit fort docile et se rendoit toujours à la raison (1). » Mme de Motteville nous a vanté déjà sa douceur et sa soumission dans sa maladie de 1647 (2). En entrant dans l'entourage de l'aimable enfant, le P. Paulin ne tient pas un langage différent ; il est captivé à son tour par tant de charme naturel et de respectueuse déférence.

Séduit par ces attraits, il semble qu'il ait pris plaisir à observer le roi dans ses jeux. Là encore, en demeu-

---

1. *Édit. précitée*, p. 48.

2. Son témoignage est confirmé dans le *Journal de la santé du roi Louis XIV* (1647-1711), œuvre de Vallot, d'Aquin et Fagon, publié par Le Roi, Paris, 1862, p. 369 : « La patience que ce jeune monarque a apportée, en cet âge, dans tout le cours de sa maladie, n'est pas aisée à concevoir. »

rant émerveillé de la vigueur et de l'agilité du petit
prince, il fait écho aux éloges des contemporains. A
l'âge de huit ans, Louis excellait à danser. Dans un
bal célèbre donné, en 1647, sur le théâtre d'une salle
faite à machines et qui était, au dire de Mme de Motteville, « la plus belle chose qui se peut voir,» personne
ne se distingua plus que lui, même le prince de Galles.
« Le Roi, dit-elle, avoit un habit de satin noir, en broderie d'or et d'argent, dont le noir ne paroissoit que
pour en relever davantage la broderie. Des plumes
incarnates et des rubans de la même couleur achevoient
sa parure ; mais les beaux traits de son visage, la douceur de ses yeux jointe à leur gravité, la blancheur et
la vivacité de son teint avec ses cheveux qui étoient
alors fort blonds, le paroient encore davantage que son
habit. Il dansa parfaitement bien ; et, quoiqu'il n'eût
encore que huit ans, on pouvoit dire de lui qu'il étoit
un de ceux de la compagnie qui avoient le meilleur air,
et bien assurément le plus de beauté (1). »

Ce qui valait mieux que remporter ces triomphes
mondains, il prenait déjà part aux exercices militaires.
Quelques mois après les fêtes d'hiver à Paris, il était,
à Amiens, au milieu d'un corps d'armée prêt à marcher
en campagne. « Le roi, qui fit faire la revue, avoit ce
jour-là un habit en broderie d'or et d'argent qui le ren-

---

1. Motteville, *Mémoires*, t. I, p. 315.

dit agréable aux yeux de ses soldats. Il monta un petit
cheval blanc dont le crin étoit noué de rubans incar-
nats. Il avoit des plumes blanches à son chapeau, et en
cet état sa beauté et la grâce qu'il avoit en toutes ses.
actions le rendoient le plus aimable prince du monde (1). » C'était sans affectation aucune qu'il se distin-
guait ainsi par sa tenue noble, libre, aisée, et Mme de
Motteville a soin de remarquer ailleurs « qu'il étoit fort
adroit à tous les exercices du corps, autant qu'un prince,
qui n'en fait pas profession, le doit être (2). »

Une piété précoce et sérieuse rehaussait singulière-
ment en lui le prix de ces vertus morales et de ces
avantages physiques. Elle était éclairée par une instruction religieuse fort avancée, sinon complète, puisque, dès les premières entrevues avec son confesseur,
la date de la Première Communion fut fixée à bientôt.
La reine dut en être consolée plus que personne ;
Anne d'Autriche avait fait monter sur le trône de
France la dévotion innée des Habsbourg envers le
Saint - Sacrement ; naguère encore on l'avait vue
employer les bijoux de la couronne à orner, pour la
Fête-Dieu, le reposoir du Palais-Cardinal, puis conduire, « à pied » et « par un grand chaud, » la procession jusqu'à Saint-Eustache, en menant avec elle
le roi.

1. Motteville, *Mémoires*, t. I, p. 348.
2. *Ibid.*, p. 265.

Nous savons maintenant quelles dispositions apportait aux premiers grands actes de la vie chrétienne cet enfant, élevé au milieu des embarras d'une régence et dans le désarroi d'une révolution.

LOUIS XIV à l'âge de 8 ans.
(Gravure de J.-E^te Scotin,
d'après un tableau d'Antoine Benoist,
1704, Musée du Louvre.

Chapitre Cinquième.

Les apprêts du grand jour.

I L était d'usage, à cette époque, de conférer la Confirmation avant l'Eucharistie, et il ne paraît pas qu'on y dérogeât pour les enfants de France. Peu de solennité entoura cette cérémonie, qui eut un caractère intime. Le jour choisi fut la fête de la Conception de la Sainte Vierge. Le prélat était Dominique Séguier, le même qui avait baptisé Louis XIV à Saint-Germain.

L E 8 de ce mois (décembre), lit-on dans la *Gazette*, le Roy reçeut, dans la Chapelle du Palais Cardinal, le Sacrement de Confirmation, par les mains de l'évesque de Meaux, son premier Aumosnier, en présence de Leurs Altesses Royales, de Mademoiselle, du Prince de Condé et de plusieurs autres Seigneurs et Dames de haute condition (1).

Sa Première Communion eut beaucoup plus d'éclat.
Durant les deux mois qui la précédèrent, la reine redoubla, s'il était possible, ses visites aux églises de Paris. Il ne se passe guère de semaine où la *Gazette* ne la signale point dans quelque paroisse ou chapelle de communauté. Le 19 novembre, fête de sainte Éli-

---

1. *Gazette*, 1649, p. 1200.

sabeth, elle entend, à Sainte-Élisabeth du Temple, les vêpres et le sermon de Jean de Lingendes, évêque de Sarlat (1). Ne pouvant être à la fois à Paris et en province, elle use du privilège des souverains, et, le 21, elle est reçue, par procureur, de la Congrégation de Sainte-Radegonde à Poitiers (2). Le 2 décembre, elle assistait aux vêpres chantées par la musique du roi « dans l'église du noviciat des Jésuites (3) », dédiée à saint François Xavier, dont c'était le lendemain la fête. Le 12 décembre, elle se rend à la messe aux Feuillants et y communie ; le 17, elle est chez les Pères Théatins écoutant un discours de l'évêque de Belley (4); le mardi 21 et le mercredi 22, elle retourne aux Théatins pour les vêpres et la prédication ; le jeudi 23, aux Feuillants pour la messe. Elle avait voulu « donner l'exemple (5) », et l'exemple avait été compris. Par mandement de l'archevêque de Paris, Jean-François de Gondi, oncle du Coadjuteur, des prières de quarante-heures avec exposition du Saint-Sacrement (6) avaient été ordonnées, pendant la semaine, dans toutes les églises de la capitale, pour implorer l'assistance divine en faveur

1. *Gazette.*, 1649, p. 1028.

2. *Ibid.*, p. 1130.

3. *Ibid.*, p. 1164.

4. *Ibid.*, p. 1236.

5. *Ibid.*, p. 1272.

6. *Ibid.*, p. 1275.

du roi, Sa Majesté devant faire sa Première Communion le samedi, jour de Noël, à la messe de minuit (1).

La veille de cette fête, la famille royale eut à cœur de témoigner une fois de plus, au peuple de Paris et de la France, combien elle était heureuse de se confondre avec ses sujets dans l'égalité chrétienne, priant en commun devant les mêmes autels. Le matin, la reine, accompagnée de la duchesse de Vendôme et d'autres grandes dames de sa cour, avait entendu de nouveau la messe aux Feuillants (2). « Après laquelle dévotion, ajoute la *Gazette*, Sa Majesté tesmoigna aux religieux de cette maison la satisfaction qu'elle avoit de leur zèle au service de Leurs Majestez : en laquelle bonne opinion le Père Dom François de Saint-Bruno, leur Prieur, la confirma, et la remercia avec le respect dû à une si pieuse Reyne. » Ce n'était que le commencement de la vigile. Dans l'après-midi, la régente ne resta pas moins de deux heures chez les Pères Théatins. Elle y avait emmené, outre une suite nombreuse de seigneurs et de dames, Louis XIV et son frère Philippe d'Anjou, qu'on nommait « le petit Monsieur ». Il y eut après les psaumes un chant de mélodieuses litanies, et finalement de « longues et belles méditations (3). » Ce couvent des Théatins, situé quai

---

1. *Gazette*, 1649, p. 1272.
2. *Ibid.*, n° 160, p. 1273 et suiv.
3. *Ibid*, *loc. cit.*, et 1650, n° 2, p. 11.

Malaquais, ou, comme l'on disait alors, « au fauxbourg
S. Germain devant le Louvre, » était un des plus fré-
quentés de la cour. Mazarin l'avait fondé récemment (1642-1644). L'église en fut bénite le 28 juillet
1648 (1), et le roi plaça lui-même la croix sur un portail.
Par une délicate et filiale attention, il avait voulu
qu'en l'honneur de sa mère la maison fût sous le vocable
de *Sainte-Anne-la-Royale*. Quelques années après, le
cardinal Mazarin donnait trois cent mille livres pour la
pose de la première pierre, placée par le prince de
Conti (2).

Nous n'avons plus besoin maintenant du témoignage
de Mme de Motteville pour savoir que la reine était
« infatigable dans l'exercice de ses dévotions (3) ».
Mais Anne d'Autriche n'était pas seule à ne pouvoir
se lasser de prier. Toute la population s'unissait à elle
et à la cour, prosternée dans la même foi suppliante
pour obtenir que DIEU répandît la plénitude de ses
grâces sur l'héritier de nos rois. Devant ce spectacle
édifiant, le chroniqueur semble moins rédiger des
nouvelles que réciter une homélie : « Imaginez-vous
le mesme, dit-il, de toutes les autres Églises et religions de cette populeuse ville, et vous jugerez aisé-
ment si la clémence du Ciel, desjà portée pour la

1. *Gazette*, 1648, p. 998.
2. Lebeuf et Cocheris, t. III, p. 199.
3. Motteville, *Mémoires*, t. I, p. XXIX.

France, ne s'est pas volontiers laissé fléchir à tant de bonnes âmes inclinées devant son Trosne pour une si juste demande, puisque deux ou trois assemblés en son nom ont la promesse infaillible de n'estre point refusés. » Évidemment Théophraste Renaudot a suivi la reine aux méditations des Théatins, et il en a retenu la conclusion. Lui-même parait tout d'un coup s'apercevoir qu'il se laisse aller à faire un sermon ; mais, au lieu de s'arrêter, il reprend de plus belle, sous prétexte de se justifier.

Nous ne le citerions pas jusqu'au bout si de pareilles considérations, présentées alors au public dans un journal profane et semi-officiel, n'étaient de nature à nous fournir la mesure vraie de l'intensité du sentiment religieux dans ce Paris de la Fronde, si différent déjà du Paris de la sainte Ligue.

IL n'est pas raisonnable que l'on vous taise les particularitez de la première Communion du premier Roy du monde et du fils aisné de l'Église : Et puisque l'on vous fait part de la jonction des forces des généraux d'armées et qu'on vous représente l'apareil avec lequel on reçoit le secours que les Princes et les Estats alliés s'envoyent les uns aux autres : Pourquoi vous céleroit-on ce grand secours que le Roy est allé chercher dans cette sainte Communion, qui unit les forces du Roy des Roys avec les siennes, pour le faire triompher de ses plus grands ennemis !

Mais pourquoi le roi avait-il choisi le jour de Noël,

au lieu d'attendre, suivant la coutume alors établie, « l'ouverture des communions, » qui se faisait à Pâques (1) ? Deux raisons en ont été données, dignes toutes deux de la piété du prince ; la première était la vivacité d'un désir qui tournait à une sainte impatience, la seconde était une réminiscence historique se rapportant à un des plus lointains souvenirs de la France chrétienne ; si ce rapprochement ne fut point dans l'esprit de l'enfant, il fut remarqué et rappelé par d'autres. Ce serait en mémoire de Clovis, baptisé en la fête de Noël, que Louis XIV aurait devancé les solennités pascales : « Le plus grand Roy de la Chrestienté, poursuit la *Gazette*, pouvait-il avoir un plus bel exemple que celui du premier roy chrestien ? » On reconnaît ici un des goûts de l'époque, qui était de remonter par l'imagination à ces temps barbares, en si parfait contraste avec les mœurs du dix-septième siècle. Heureux lorsqu'en route on s'arrêtait à Clovis ! Mme de Motteville ne compare-t-elle pas le duc de Guise, ce romanesque roi de Naples, à nos premiers Pharamonds ?

---

1. *Histoire ecclésiastique de la Cour de France*, par l'abbé Oroux, 1777. In-4, t. II, p. 461.

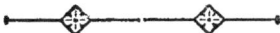

Chapitre Sixième.

La Première Communion.

U N léger contre-ordre, inspiré par ce sentiment presque familial qui faisait des fils de France les enfants du peuple de Paris et de la nation tout entière, empêcha le roi de communier à la messe de minuit. La reine, se ravisant, jugea très à propos « qu'une action de cette conséquence se rendroit de plus grande édification à un chacun estant faite de jour ». Elle décida que la cérémonie aurait lieu en plein midi, et non plus dans la chapelle privée du Palais-Cardinal, mais dans la propre paroisse de Leurs Majestés, à Saint-Eustache, la plus grande église du Paris d'alors après Notre-Dame.

C'était aussi la plus révolutionnaire. Pierre Marlin, son trop fameux curé, avait dû son élection à la faveur du petit peuple et surtout des harengères, ces véritables reines du pavé qui, sur un signe du Coadjuteur, faisaient en quelques heures barricader toutes les rues. On racontait même que la promotion de *Merlin*, — ainsi avait-on surnommé cet autre enchanteur, — avait été la première origine de la Fronde, en révélant aux insurgés leur véritable puissance. Au son du tocsin, aux clameurs des pillards menaçant l'hôtel du chancelier, le nouveau pasteur avait été acclamé par ses ouailles, malgré la cour et le ministre. Des barricades mêmes avaient été construites pour sa cause (1). Marlin était un souverain au petit pied. Son autel de Saint-Eustache s'élevait contre le trône du Palais-Cardinal.

La cour ne lui en garda point rancune. Le bonhomme d'ailleurs, effrayé de l'éclat jeté par son aventure, était devenu aussi timide et circonspect que son troupeau se montrait insolent. Mais, en ce jour-là, tous les dissentiments allaient être oubliés.

Louis n'assista dans son palais qu'aux offices de la nuit. Il y entendit chanter les matines, dont le *Te Deum* fut exécuté par la musique royale sur une mélodie ravissante, et ensuite trois messes. La reine communia à l'une d'elles en présence de ses deux enfants et de quelques personnes de sa cour.

Le matin, les gardes du corps se transportèrent les premiers à Saint-Eustache, et, dans la crainte d'une inévitable confusion, organisèrent le service.

Vers dix heures, le roi fit sa confession au Père Paulin. Depuis plusieurs jours, lisons-nous dans ce naïf récit, le religieux lui avait « dressé une dévote pratique, outre sa lecture, » et il s'efforçait de l'entretenir dans « les bons préceptes de piété en laquelle Sa Majesté a esté élevée dès sa naissance ».

---

1. Rapin, *Mémoires*, t. I, p. 359.

Une heure après, Louis XIV montait en carrosse ; au fond, prit place avec lui le cardinal Mazarin ; sur le devant, Monsieur, frère du roi, et le maréchal de Villeroi, gouverneur. Aux portières, se tenaient d'un côté le duc de Mercœur, Villequier, le capitaine des gardes, et le premier écuyer de Béringhen ; de l'autre côté, le comte de Saint-Aignan, le marquis de Chapes et Montglat. Nous gâterions la description du parcours si nous ne l'empruntions aux témoins :

ET passant au milieu d'une multitude de peuple, dont les ruës n'estoyent pas moins pleines que si toutes les Églises n'en eussent pas regorgé en cette principale feste de l'année, précédée de la compagnie du grand Prévost, de celle des cent Suisses qui la suivoient tambour battant et fifre sonnant à la teste desquels estoyent le sieur de Sainte-Marie leur lieutenant et le capitaine Iaques leur enseigne, les gardes du corps et valets de pieds en grand nombre, environnans le carrosse de Sa Majesté, Elle fut accompagnée des acclamations perpétuelles de *Vive le Roy*, jusque devant le magnifique portal de cette Église, ou ayant esté receuë par son Curé, accompagné du nombreux clergé de la mesme Église en chapes, et portant la croix et l'eau bénite, Elle s'achemina vers le chœur.

La grande et belle paroisse, dès lors si chère aux Parisiens, était encore dans sa primitive fraîcheur. En 1624, on avait commencé d'en « parachever » le chœur ; cette partie de l'édifice avait été rendue digne, avec

NICOLAS DE NEUFVILLE, marquis de Villeroy

et d'Alincourt, IVᵉ du nom, gouverneur de Louis XIV enfant.

(D'après une estampe du temps, *Musée du Louvre.*)

sa structure sévère et imposante, des hautes et vastes nefs dessinées au siècle précédent par Dominique de Cortone (1). Sur son pavé, recouvert pour la circonstance d'un « drap de pied » royal, une nombreuse réunion d'évêques et de prélats, tous en camail et en rochet, attendait l'arrivée de Sa Majesté. C'étaient Gaspard de Daillon, évêque d'Albi ; Cohon, évêque de Dol ; Pierre de Bertier, évêque d'Utique et coadjuteur de Montauban ; Jean Vincent, évêque de Lavaur ; Jean de Lingendes, évêque de Sarlat ; Ferdinand de Neufville, évêque de Saint-Malo ; Roger d'Aumont, évêque d'Avranches ; enfin l'abbé Tubeuf, agent du clergé, et Mgr de Beaumont, évêque de Rodez et précepteur.

L'évêque de Meaux, Séguier, premier aumônier, célébra la messe en vêtements pontificaux. Après qu'il eut consommé l'hostie consacrée et pris le précieux sang, les clercs de chapelle, aumôniers et chapelains, dressèrent sur une table préparée devant le maître-autel la nappe de Communion. Les quatre coins étaient tenus, à droite et à gauche du roi, par Monsieur son frère et par le maréchal de Villeroi, gouverneur ; les deux extrémités opposées par les abbés du Four et du Cando, aumôniers de quartier.

Louis XIV se présenta alors devant la sainte Table « avec une humilité et un zèle » qui ne trouvaient

1. Cf. Victor Calliat, *L'église Saint-Eustache*, 1850, in-fol., p. 18 et suiv.

d'exemple « qu'en celui de la Reyne sa mère ». Derrière lui se mirent à genoux les deux capitaines des gardes Chapes et Villequier. Le cardinal Mazarin s'avança à la tête des prélats et présenta à baiser au roi « le livre de l'Évangile et de la paix ».

Puis Mgr Séguier, l'évêque officiant, déposa sur ses lèvres le corps de Notre-Seigneur.

La cérémonie de l'ablution restait à accomplir : le prélat reçut des mains de Riquety, ancien des maîtres d'hôtel de quartier, la coupe d'or à couvercle d'or dans laquelle l'officier, appelé le chef de gobelet, avait versé et goûté le vin ; le célébrant en fit l'essai à son tour et donna la coupe au roi. En même temps, Mazarin se retirait pour aller communier dans une chapelle.

Louis XIV avait fait sa première Communion, et il l'avait bien faite.

Quels furent les sentiments des assistants ? Ne le demandons à personne qu'à eux. « Le Roi, dit Mme de Motteville, fit, le saint jour de Noël, sa première Communion à St-Eustache, sa paroisse, avec beaucoup de marques d'une grande inclination à la piété (1). »

Les témoins en furent nombreux.

A CETTE royale cérémonie assistèrent : le chancelier de France (2), qui est de la mesme paroisse, et plusieurs autres seigneurs, outre un nombre incroyable de personnes de

1. Motteville, *Mémoires*, t. III, p. 110.
2. Pierre Séguier.

tous sexes, conditions et âges, dont cette paroisse, la plus grande de Paris, abonde bien tous les jours, mais s'en trouva en celui-là extraordinairement remplie par la solennité de la feste et curiosité loüable d'une foule de peuple, désireuse d'avoir part en la veuë de cette célèbre action.

A l'issuë de laquelle le sieur Tubeuf, Président en la Chambre des Comptes et premier Marguillier de cette Église, présenta à Sa Majesté le pain bénit, accompagné d'une belle questeuse : laquelle s'estant présentée de fort bonne grâce au Roy, il luy fit présent d'une grande poignée de loüïs d'or, et son exemple fut suivi par Monsieur son frère, qui lui en donna aussi bon nombre (1).

La sortie eut lieu dans un ordre parfait, malgré une foule compacte et parmi des acclamations pour la prospérité du roi. Celui-ci remonta dans son carrosse en compagnie des mêmes seigneurs qu'à l'arrivée, et avec toute sa suite alla « disner » chez le cardinal. De là, le cortège se rendit aux vêpres chez les Jacobins de la rue Saint-Jacques (ceux qu'on appelait les Jacobins du Grand-Couvent, pour les distinguer des Dominicains réformés de la rue Saint-Honoré). Sa Majesté y fut reçue par le Prieur, le P. Pinsart, à la tête d'une centaine de ses religieux, et fut complimentée de fort bonne grâce (2) par ce docteur. Louis XIV se montra tel, le soir, aux vêpres des moines, qu'on l'avait vu le matin à la messe de sa paroisse,

1. *Gazette, loc. cit.*
2. *Gazette,* 1650, n° 2, p. 12.

« continuant sa dévotion et la lecture assidue de sa
practique. » Il n'y avait point de fête pour Anne
d'Autriche, sans une visite au Val-de-Grâce ; le roi y
rejoignit la reine et entendit prêcher le P. Faure.
Après ce dernier office seulement, « Leurs Majestez
s'en retournèrent ensemble au Palais Cardinal ». Le
royal premier communiant laissait une si « merveilleuse satisfaction dans tous les cœurs de ses sujets, de
sa piété et dévotion singulière », qu'on ne pouvait
« que bien espérer d'un prince si religieux ».

Trop souvent, à la longue préparation et aux mul-
tiples exercices qui précèdent ou accompagnent pour
les enfants cette première journée inoubliable de leur
vie, succède brusquement et avec un dur contraste un
régime d'habitudes dissipantes, où les distractions
profanes du lendemain semblent effacer tout vestige
des actes sacrés de la veille. La reine veilla à ce qu'au
bienfait succédât l'action de grâces. La première
semaine de l'année 1650 fut partagée pour le roi entre
les divertissements de son âge et la reconnaissance
envers DIEU. Un jour, il court la bague au Palais-
Cardinal ; c'est avec tant d'adresse, « qu'en sept
courses il l'emporta cinq fois, en présence de la Reyne
sa mère et de toute la Cour, ravie de voir que les
commancemens des exercices de ce jeune Monarque
égalent les chefs-d'œuvre des plus grands Maistres (1).»

1. *Gazette*, 1650, n° 6, p. 60.

Mais le manège ne faisait point tort à l'église. Le
1er janvier on aurait pu retrouver le roi aux vêpres de
la Maison professe des Jésuites, écoutant le P.Guiard (?)
Jacobin du Grand-Couvent (1) ; le 3,à l'abbaye Sainte-
Geneviève, acceptant après l'office une collation offerte
par les chanoines de la Congrégation de France (2).
Le 5, le roi rend « six pains bénits en sa Parroisse
de Saint-Eustache : lesquels, ornés de banderoles aux
armes de Sa Majesté, furent portez et conduits par les
cent Suisses de la Garde, et présentez par le Mareschal
de Villeroy, son gouverneur, assisté du sieur de Ber-
nage, doyen des Aumosniers du Roy (3) ».

Tout un chapitre, tout un livre serait à écrire sur
la royale famille et les religieux exemples du petit
Louis XIV et de sa mère Anne d'Autriche. Si la
régente n'était pas une autre Blanche de Castille, qui
donc aurait pu affirmer que le fils du pieux Louis XIII
ne rappellerait pas Louis IX ? « Quelle félicité, s'écriait

1. *Gazette, loc. cit.*Dubuisson-Aubenay,dans son *Journal des Guerres
civiles*, publié en 1882-83 par M. Saige, in-8, t. I, p. 193-194, est plus
détaillé : « Le premier jour de janvier, samedi, qui est la fête de la
Circoncision et du Nom de JÉSUS, grandes dévotions ès-Jésuites de la
rue Saint-Antoine. A vêpres, le Roi, la Reine, Monsieur et Mademoiselle d'Orléans, les princes de Condé et de Conti, le cardinal Mazarin et
toute la Cour viennent. Le Père de Ventadour, Supérieur de cette maison,
quoique assez jeune, reçoit et complimente Leurs Majestez. Le Père
Bernard *(sic)*, Jacobin, y fait le sermon. » Dubuisson-Aubenay a tort de
qualifier Supérieur le P. de Ventadour. Ce titre appartenait encore au
P. Paulin.

2. *Ibid.*, 1650, *loc. cit.*

3. *Ibid.*, n° 11, p. 92.

notre narrateur, la France ne doit-elle point attendre,
voyant son jeune Monarque qui, marchant sur les
traces de son ayeul saint Loüys, commance de si bonne
heure à se signaler par sa piété, qu'il semble par là
qu'il en veüille faire le principal ornement de sa vie et
le plus éminent de ses titres ? »

Le Vicaire général des Jésuites, retenu au loin par
la charge qu'il exerçait à Rome, s'était associé d'avance
à ces fêtes et à ces espérances. Florent de Montmorency avait l'âme française autant que le nom. Il fit
célébrer mille messes pour le roi et mille messes pour
la reine. En l'annonçant au P. Paulin, il lui donnait de
sages conseils sur la manière de remplir ses graves
obligations.

29 nov. 1649.

J E reconnais ici une providence de DIEU singulière et je
révère la bienveillance admirable de la Reine, soit à l'égard
de la Compagnie tout entière, soit surtout envers Votre
Révérence, qui a trouvé cette grâce aux yeux des princes
d'être élu pour confesseur du Roi très chrétien. Il appartient
à Votre Révérence de répondre à la nouvelle attente, qui est
si grande, de sa vertu et de sa prudence, ainsi que de satisfaire à tant de titres auxquels notre Compagnie se déclare
une fois de plus redevable envers la Couronne. Votre Révérence tient entre ses mains l'enfance du Roi très chrétien,
pour ne pas dire son cœur, afin de le former à toute la piété
digne d'un si grand prince, de mettre et développer en lui les

germes des vertus royales ou plutôt divines. C'est assurément
un lourd fardeau, sinon le plus lourd de tous, que Votre
Révérence se voit imposé. Le remplir pleinement pour l'ac-
croissement de la gloire divine, à la satisfaction du Roi très
chrétien et de la Reine-mère, pour le bien commun des peuples
et la recommandation de notre Compagnie, exige une céleste
sagesse. Je la demande à DIEU notre Seigneur, et le supplie
d'éclairer des lumières d'en haut sa direction et ses avis
Votre Révérence a dans les *Ordonnances* des généraux un
modèle tracé du confesseur de roi. Si elle le médite souvent
et avec attention, si elle l'observe intégralement, ce que
j'espère, elle éprouvera sans nul doute les effets du secours
divin et sentira la présence de la grâce. Pour nous, suivant
nos forces, nous l'aiderons de nos prières et de nos saints
sacrifices.

P. S. — Je me réjouis que Votre Révérence ait si heureusement inauguré l'office qui lui est confié, le jour de la Toussaint. Que DIEU accompagne ces débuts d'une abondante
bénédiction! Nous recommandons à Votre Révérence nos
lettres pour la Reine très chrétienne et l'Éminentissime
Cardinal. Qu'elle offre de ma part à la Reine mille messes
pour sa conservation et autant pour celle du Roi très chrétien.
Il n'est rien que je puisse offrir de plus grand ni de plus
précieux.

Chapitre Septième

A travers les provinces.

T ANT de prières survenaient à leur heure. La fortune du roi encore enfant courait de nouveaux périls. Trop de fermentation avait été laissé dans les esprits par la vieille Fronde, pour qu'un nouvel orage ne se formât pas bientôt. Le 29 décembre 1649, des troubles précurseurs avaient éclaté à l'occasion du payement des rentes de l'Hôtel-de-Ville. L'arrestation de Condé, Conti et Longueville (18 janvier 1650) souleva plusieurs provinces. La saison était rude ; une épidémie sévissait. La cour se décida quand même à conduire le jeune roi dans la Normandie. Bien qu'à peine au milieu de sa douzième année, il était capable de monter à cheval et d'aller en personne faire rentrer dans le devoir ses sujets excités à la révolte par l'intrigante et brouillonne duchesse de Longueville. La présence du roi, disait-on en proverbe, vaut une armée. La régente partit de Paris avec une poignée d'hommes et son fils. Les Rouennais, qui avaient expérimenté l'année précédente les ruineuses conséquences de l'anarchie, comprirent mieux cette fois leurs intérêts. Ils obligèrent Mme de Longueville à s'enfuir, et firent à Louis XIV, qui n'était pas encore entré dans leurs murs, une réception magnifique. Le séjour de la cour dura quinze jours (5-20 février). Chacune de ces journées fut marquée par un hommage de fidélité de la part du clergé et des magistrats, des notables et des bourgeois, par quelque bruyante manifestation de l'allégresse publique de la part du menu peuple. Un sentiment commun réunissait grands et petits : tous également jouissaient et de la belle prestance du roi, et de son art d'obliger en prince, et de son don souverain d'agréer (1). Comme Henri IV par sa vaillance et son esprit, il s'imposait par son attitude faite pour commander et pour plaire.

Le P. Paulin fut témoin de cette longue ovation décernée à un roi sans troupes par ses peuples, remuants la veille et qui maintenant se répandaient en bénédictions sur son passage. Le jour même de la rentrée de la cour à Paris (26 février), il écrivait au nouveau général de la Compagnie, le Père François Piccolomini (2) :

26 février 1650.

JE reviens de Rouen, où par la bonté et la vertu divines tout s'est bien passé, tout à été pacifié et arrangé heureusement, à l'aspect du Roi très chrétien. C'est une faveur de voir le Roi. En France, c'est la plus considérable et la plus fortunée

1. Voir surtout A. Floquet, *Histoire du Parlement de Normandie*, 1842, in-8, t. V, p. 443 et suiv.
2. Élu le 21 décembre 1649.

des faveurs. Certes, telle est la majesté de notre prince,
malgré sa douzième année ; telle est sa bonté et facilité
d'humeur, jointe à la grâce de son corps et à la douceur de
ses regards, que je ne sache point philtre plus puissant pour
enchaîner les cœurs. La Normandie entière n'a pu se rassasier
de sa vue. Une parole était sur les lèvres du peuple : on disait
que si la Reine voulait conquérir tous les royaumes de l'uni-
vers, elle n'aurait qu'à en faire faire le tour au roi, juste assez
de temps pour le montrer. Je pense que Votre Paternité, dans
son profond amour pour nous, se complaira aux traits de cette
image.

J'ai présidé, tout le temps que nous sommes demeurés à
Rouen, aux études littéraires de ce grand Roi, en l'absence de.
son précepteur le révérendissime évêque de Rodez. Ainsi l'a
voulu notre Reine ; la chose a marché, grâce à DIEU, avec
entrain et pour le mieux.

> *Adresse :*
>
> Le P. Paulin au P. Piccolomini.

Assez souvent on a délivré à Louis XIV enfant un
brevet d'inapplication. Voici au moins une bonne note
à recueillir. Il est vrai que l'enthousiasme royaliste
des Normands semble avoir gagné leur hôte ; il est
vrai encore que l'avantage d'enseigner un prince si
supérieur à son âge par sa trempe physique et morale,
a pu rendre le maître indulgent sur le travail de l'élève ;
mais les sentiments exprimés par le P. Paulin au
début de cette lettre sont assez conformes à l'histoire,

pour que ceux de la fin ne soient pas contraires à la réalité des faits.

Même lorsqu'il apprenait avant le temps son métier de roi, Louis XIV travaillait.

Après son voyage en Normandie (février 1650), il fit un court séjour à Paris. L'émeute ne grondait plus dans la capitale ; mais les provinces étaient encore insurgées. Le comte de Tavannes s'était jeté dans la Bourgogne, attachée à la maison de Condé, et fortifié dans Bellegarde ou Seure. Mazarin jugea la présence du roi nécessaire à Dijon. Rentrées à Paris le 22 février, Leurs Majestés, ayant accompli dans la matinée du 5 mars leurs dévotions à Notre-Dame, partirent pour Melun et Montereau. Le 9, elles demeurèrent à Sens, où l'archevêque Louis-Henri de Gondrin les traita magnifiquement. Le P. Paulin, suivant ses règles, descendit sans doute au collège de son Ordre, et de là il adressa quelques lignes au Père général.

Sens, 9 mars 1650.

C'EST de Sens que j'écris à Votre Paternité... Voici une cause de satisfaction pour elle : à force d'oraisons et de raisons, j'ai obtenu qu'un janséniste en vogue fût exclu de la fonction de prêcher. Grâce en est due à la Reine très chrétienne, qui ne laissera jamais ruiner l'Église de DIEU ni le royaume de son fils.

Nous pleurons sur la disgrâce de l'excellent chancelier

Séguier ; il a reçu ordre de rendre les sceaux à la Reine très chrétienne. Il n'y a faute aucune de sa part, mais la Reine a cru cette mesure demandée par les circonstances.Elle a remis les sceaux à l'excellent sieur de Chasteauneuf, qui a très bien mérité de notre Compagnie. Si Votre Paternité donne à celui-ci des félicitations, qu'elle envoie à celui-là des consolations ; elle se montrera de la sorte fidèle au souvenir des bienfaits.

Je me recommande aux SS. de V. P. et suis, etc.

Une intrigue de cabinet avait, huit jours auparavant, amené ce changement ministériel. Mazarin, réconcilié avec la vieille Fronde et obligé de ne plus compter sans elle, avait rendu les sceaux à Chasteauneuf pour plaire à la duchesse de Chevreuse. Ainsi allait la politique. Devant ces mesquines révolutions, on comprend assez l'indifférence du P. Paulin ; elle fut partagée par le P. Piccolomini, qui accomplit envers l'un et l'autre Garde des Sceaux son devoir de politesse et de reconnaissance.

De Sens, la cour se rendit à Joigny et Auxerre, puis, passant par Noyers, Montbard et Saint-Seine, le 16 elle atteignit Dijon. Grande joie pour les Bourguignons fidèles, si maltraités par les coureurs de Bellegarde, de contempler à leur aise le roi, venu leur rendre la sécurité et la paix. Louis XIV se fit apprécier de tous : à Dijon, par son sérieux et sa piété ; à Bellegarde, par sa bravoure. Les corps publics viennent tour à tour le haranguer ; il écoute, mais il ne répond pas, ou ses paroles ne sont point rapportées ; il préfère observer et il réfléchit. Son frère, le duc d'Anjou, moins retenu par la grandeur et n'ayant rien à compromettre, laisse au contraire admirer sa grâce à bien dire.

Le roi édifie ses sujets par sa fréquentation des églises et des sacrements. Le 20, il est à la Sainte-Chapelle pour le sermon du P. Faure. Le 25, fête de l'Annonciation de la Sainte Vierge, il y fait ses dévotions et assiste aux vêpres, suivies d'un nouveau sermon du même orateur (1). Bientôt la Semaine Sainte arrive ; il ne manque à aucun office, ni aux ténèbres du mercredi, ni à la messe du jeudi. Il fait ensuite la cène dans son appartement et entend la prédication de l'évêque de Rodez, qui se termine par l'absoute. Après quoi, il lave, en fils de saint Louis, les pieds aux pauvres (2). Le soir, ténèbres chez les Pères Capucins ; le samedi, cérémonie à la Sainte-Chapelle ; le jour de

1. La reine alla de son côté aux Jacobins, ensuite au collège des Godrans : « Le 25 mars 1650, jour de l'Annonciation Notre-Dame, fête de la Congrégation de Messieurs de Dijon, la Reine, accompagnée de M. le duc d'Anjou, assista, un cierge à la main, à la procession solennelle qui se fait aux Jésuites ce même jour pour resserrer le Saint-Sacrement qui demeure exposé toute la journée en la Congrégation susdite.

» Cette cérémonie finit par la bénédiction du Saint-Sacrement, que donna Mgr l'évêque de Rodez, précepteur du Roy. » (Gaudelet, cité en note des *Mémoires de Millotet*, p. 56, dans les *Analecta Divionensia*.)

2. « Sa Majesté fit encore dans la grande salle du Logis du Roy la cène du Jeudy Saint, baisant les pieds à douze pauvres, tous vêtus de robes rouges, et, outre leur robe, leur donna encore à chacun deux plats remplis

Pâques, communion (1). Un autre jour, il va visiter l'abbaye de Cîteaux et y baise la croix à genoux. Le P. Paulin pouvait être fier de son pénitent (2).

Les fêtes scolaires n'effraient pas plus Louis XIV que les fêtes religieuses. On écrit de Dijon à la *Gazette* :

LE Roy n'ayant pas moins d'inclination aux saintes et belles Lettres qu'à tous les autres exercices dignes d'un grand monarque, qui nous promettent en son temps vn aage doré, a voulu cette semaine honorer de sa présence, comme elles le furent de celle de Monsieur son Frère, les Thèses publiques soustenuës le 6 de ce mois (avril) en Théologie par l'abbé Fyot, fils d'vn président au Mortier de ce Parlement, et le 8, en Philosophie par le fils du Comte de Quincé, dédiées les premières à Sa Majesté, les autres à son Éminence, qui s'y trouva aussi, avec plusieurs Seigneurs : ces deux Respondans ayans satisfait à l'attente d'vne assistance si majestueuse et extraordinaire (3).

Cette journée s'achevait par une audience donnée aux États de Bourgogne. Ayant tenu la session et

de divers mets, avec une bourse où il y avait douze demi écus blancs. Il fut assisté en cette cérémonie de M. le duc d'Anjou, de M. le duc de Joyeuse, de MM. les maréchaux de Villeroy et de Praslin, et autres grands seigneurs. » (*Ibid.*)

1. « Le Roy fit son Pâques en l'église de la Sainte-Chapelle et y voulut encore faire le pain bénit. » (*Ibid.*)

2. Une lettre du P. Paulin, en date de Dijon, 22 avril 1650, se conserve à la Bibliothèque de l'Institut, fonds Godefroy, t. 540-541, fol. 45.

3. *Gazette*, p. 521.

généreusement voté les subsides nécessaires, l'assemblée venait saluer le roi et la reine, et prendre congé du cardinal.

Mazarin se montra, cette fois au moins, vrai surintendant de l'éducation royale. Avec une activité qui le multipliait, il avait dirigé en personne les apprêts du siège de Bellegarde, défendue par la Saône débordée. L'attaque était difficile ; il voulut donner ce spectacle au roi et lui faire faire son apprentissage de la guerre. Il espérait aussi que la présence de Sa Majesté au camp agirait à distance sur les assiégés et arrêterait une effusion de sang français. Les choses se passèrent comme il l'avait prévu. Le 13 avril, il écrivait à Lionne :

ON ne [scauroit] bien exprimer avec quelle joye, quels applaudissements et quelles acclamations Sa Majesté fut receue par nos troupes. Tout retentissoit de continuels cris de *Vive le Roy!* et on ne voyoit plus que chapeaux en l'air de tous les soldats, et toutes les autres marques de resjouissance dont ils pouvoient s'adviser. Cela causa un grand abattement dans Bellegarde, mais y attendrit tellement le cœur des soldats et ralluma en [telle] sorte leur affection naturelle envers la personne du Roy, que tout ce qui estoit sur les remparts, malgré leurs officiers, firent d'abord la mesme salve que faisoit l'armée, et ne crièrent pas moins *Vive le Roy!* ny avec moins de joye et d'empressement. Dez lors la négociation générale fut ouverte (1).

---

1. *Lettres de Mazarin pendant son ministère*, publiées par Chéruel, t. III, p. 529.

Il y eut pourtant de grands dangers à courir. On
tira plusieurs volées de canon sur Mazarin. Tavannes
avait même fait ouvrir le feu sur le roi, dont un officier
eut le bras emporté. Louis XIV, alors âgé de douze
ans, montra par son assurance en face du péril ce qu'il
serait plus tard au siège de tant de places fortes.
Laporte, qui en fut témoin, ne l'avait pas oublié lorsque
dans sa vieillesse il écrivait : « Quoique dans un âge
fort tendre, il (le roi) a témoigné avoir du courage ;
car je l'ai vu fort jeune au siège de Bellegarde et à
celui d'Étampes, où on lui tiroit force coups de canon
sans que cela lui donnât de la crainte ; et ceux qui l'ont
vu dans les dernières occasions, disent qu'il est intrépide (1). » Aussi la rentrée de Louis XIV à Dijon,
après la capitulation de Bellegarde, fut-elle une ovation
qui dépassa la première :

L A joie de toute cette province, continuait Mazarin, est
inexplicable. Le Roy revint hier au soir (12 avril). La
Reyne fut à sa rencontre et toute la ville sortit avec des tesmoi-
gnages de resjouissance qui ne se peuvent bien exprimer. Sans
flatterie, le Roy s'est conduit merveilleusement bien en tout
ce voyage. Les gens de guerre en sont demeurés extraordinairement satisfaits. Si on luy eust voulu permettre, il n'y
auroit eu endroit où il ne fust allé. Le transport des soldats
a esté tel que, s'il l'eust commandé, je crois qu'ils fussent allés
manger les portes de Bellegarde avec les dents (2).

1. Laporte, *Mémoires*, p. 48.
2. *Lettres de Mazarin, loc. cit.*, p. 534.

Le retour dura du 25 avril au 5 mai, en s'acheminant par Châtillon, Bar-sur-Seine et Troyes. Le dernier jour, le roi força l'étape, « montrant une telle force d'esprit que tout ce qu'il veut ne lui couste rien et [qu'il] se le rend facile (1). »

Quelques jours plus tard (14 mai), il se rend à l'abbaye de Saint-Denis pour le septième anniversaire de la mort de Louis XIII.

L'ÉVESQUE d'Évreux officia pontificalement en présence de l'Évesque de Meaux, premier Aumosnier du Roy, du *Père Paulin* Iésuite son Confesseur, du sieur de Ventadour Ecclésiastique, des Aumosniers servans par quartier, de plusieurs autres Évesques, Ducs, Mareschaux de France, Ministres, Conseillers d'Estat et autres Seigneurs et Dames de condition, comme aussi de plusieurs autres Officiers de la Maison du Roy, dont la musique s'y fit mélodieusement entendre (2).

En juin (2 au 29), le prince va prendre quelque repos à Compiègne ; là, comme ailleurs, il ne se passe guère de semaine qu'il ne témoigne de sa piété. Le 5 juin, fête de la Pentecôte, il communie. Le 16, fête du Saint-Sacrement, il assiste à la procession sous le cloître de Saint-Cornille.

Le but de ce voyage avait été de se rapprocher des

1. *Gazette*, p. 587.
2. *Ibid*, p. 663.

Espagnols entrés en France et arrêtés seulement par la glorieuse défense de Guise. Louis XIV commençait, suivant le vœu de Mazarin (1), à travailler par lui-même au bien de ses affaires ; il écrivit de sa propre main aux assiégés pour les féliciter de leur victorieuse résistance.

Les plus redoutables ennemis ne semblaient pas ceux du dehors. La Guyenne était depuis plusieurs mois en pleine Fronde. Une expédition contre elle fut jugée, à tort peut-être, plus urgente qu'une marche à la frontière de Champagne contre les Espagnols. Le 4 juillet, la cour, bravant les chaleurs de la canicule, se mit en route pour le Midi.

Nous ne suivrons pas de ville en ville, de château en château, les carrosses du roi. Parmi les nombreuses personnes de sa maison, le confesseur, qui est un des « officiers ecclésiastiques », nous intéresse exclusivement. Retrouver quelques traces de son influence et constater quelles vertus il tâchait d'inspirer à Louis XIV est notre unique but. La lettre qu'après un grand mois de voyage le P. Paulin écrivait du camp devant Bordeaux, nous le dira en quelques mots. Le style en est laconique et coupé. Égaré au milieu des opérations militaires, le religieux paraît presque rédiger une dépêche :

---

1. Saint-Simon a prétendu le contraire. Mais Chéruel établit que « ses assertions trop absolues sont réfutées par des faits incontestables ». (*Minorité de Louis XIV*, t. IV, p. 76, note 1.)

[Au Père Général PICCOLOMINI]

Camp royal, près Bordeaux.

J'ENVOIE à V. P. une lettre du Roi au sujet des Pères de Liège (1). Mais les armes et les trompettes retentissent. D'où viendra la réponse à nos prières, si nous ne détournons nos regards et nos supplications des hommes vers DIEU ? Le Roi très chrétien et la Reine très chrétienne jouissent d'une excellente santé. *Ils sont l'un et l'autre d'une telle piété envers Dieu et envers leurs peuples qu'on n'y peut rien ajouter.* Grâce à ces vertus, ils réduiront et apaiseront tout. La Reine très chrétienne m'a fait écrire au confesseur du S^me Empereur pour réchauffer la concorde entre l'Autriche et la France (2). Ce bon Père s'était offert de lui-même pour une chose si heureuse et si désirable. Quel bien ne faut-il pas en espérer ! Très révérend Père, je vous prie et je conjure Votre Paternité d'aider à ce dessein avec tout le soin et tout le zèle, avec toute l'ardeur, la diligence et l'activité possibles. J'en espère les plus grands biens en abondance, pour l'avantage de l'Église et de notre société. Le P. Assistant de Germanie est celui qui peut le mieux promouvoir cette affaire (3). On entraverait difficilement ce qui serait souhaité et demandé par les deux puissances. Pour ce qui dépend de moi, je ne laisserai jamais rien à dési-

---

1. Il s'agit ici des Jésuites réfugiés en France à la suite du plébiscite de la ville de Liège, en 1646.

2. Le confesseur de l'empereur Ferdinand III était, depuis quatorze ans, le P. Jean Gans (1591-1662), surnommé le *Marteau des protestants.*

3. Les fonctions d'Assistant de Germanie étaient remplies par le P. Goswin Nickel, qui fut vicaire général de la Compagnie après la mort de Piccolomini, et succéda comme général au P. Gottifredi, le 17 mars 1652.

rer. Je rends grâces à V. P. des permissions accordées par sa dernière lettre. J'éviterai autant que possible les repas au dehors. Je suis en vous priant de me bénir, etc.

Le P. Paulin ne devait pas être le dernier à inspirer au roi cette piété, envers Dieu d'abord, dont il signalait en lui la perfection. C'était un spectacle touchant et moralisateur pour les villes que ces entrées royales. Roi et reine étaient reçus dans la plus grande église ou dans la cathédrale. Le plus haut dignitaire du clergé ou l'évêque les complimentait ; on leur présentait sur le seuil l'offrande du pain et du vin, puis on les conduisait processionnellement à leur trône, dressé dans le chœur. La messe se célébrait ensuite. Plusieurs, au cours de ce voyage, eurent un éclat exceptionnel. L'église Saint-Martin de Tours fit réception à Louis XIV en sa qualité « d'abbé séculier, chanoine et protecteur de ladite église », suivant la tradition de ses prédécesseurs ; mais le jeune roi remit de prêter le beau serment d'usage jusqu'à sa majorité (1). A Coutras, il tint sur les fonts un enfant de protestants instruits et convertis. Libourne le vit prendre part, le jour de l'Assomption, à une superbe procession en l'honneur des vœux de Louis XIII, que la régente venait de renouveler par la déclaration royale du 25 mars 1650.

1. *Reception faicte au Roy en l'eglise de Saint-Martin de Tours* (17 *iuillet* 1650),dans les *Memoires des Ceremonies des annees* 1644 *iusques en* 1650. (*Ms* in-fol. Archives nat., KK, 1446.)

A la bénédiction finale de l'archevêque de Bordeaux succéda, dit la *Gazette*, « le bruit de tous les canons de la ville, qui apprit par cette solennité qu'il n'y a point de voyage ni d'affaires de paix ou de guerre qui puissent tant soit peut troubler les dévotions de Leurs Majestez (1). » C'est une variante du mot de Mme de Motteville sur la reine.

Ancien religieux des collèges d'Orléans, de Tours et de Blois, le P. Paulin éprouva sans doute un plaisir particulier à accompagner le roi dans les chapelles et les grandes salles des deux premières maisons. A Orléans, le 11 juillet, Leurs Majestés vont « entendre la messe aux Iesüites (2) », puis partent pour Chambord, Blois, Amboise et Chenonceaux. Le 16, elles étaient à Tours. Ici, encore plus peut-être qu'à Orléans, son pays natal, le P. Paulin se retrouvait chez lui. Il y avait quinze ans (1635) qu'il y avait fondé et établi un collège de son Ordre, dans cet hôtel de Semblançay tout rempli des souvenirs de Boucicault, et dont les bâtiments, aussi vastes que magnifiques, ne le cédaient dans la « province de France » qu'au château de Henri IV à la Flèche (3). La vieille demeure où

---

1. *Gazette*, p. 1113.

2. *Ibid.*, p. 896.

3. On conserve aux archives d'Indre-et-Loire le rapport envoyé par le P. Paulin au général Vitelleschi, sur l'établissement d'un collège de la Compagnie à Tours. Cette pièce est écrite de sa main et signée : *Carolus Paulinus*. Elle porte au titre : *Exemplar informationis Romam missæ ad*

Charles VI avait fait Boucicault maréchal, et dans laquelle avait si souvent résidé Louis XII, reçut ce jour-là Louis XIV (1).« Le Roy alla oüyr la messe aux Iésüites, où Sa Majesté fut ensuite divertie par le récit que quelques escoliers de ces Pères lui firent de très beaux vers (2). »

Le séjour à Bordeaux dura moins de deux semaines (5 au 15 octobre). Dans cette ville, une des principales de France, la Compagnie de JÉSUS possédait quatre établissements. Le P. Paulin y trouvait donc, conformément aux bons avis du P. Piccolomini, que nous citerons plus tard, la facilité de ne pas dîner au dehors. Le 10 du mois, le roi assista, avec l'évêque de Rodez et d'autres prélats, à la messe de la Maison professe. Le 14, on lui servit, au collège de la Magde-

---

collegium Societatis instituendum Turonibus. Après l'énumération des charges prévues, le rapporteur s'étend sur les avantages ; on nous permettra d'en citer quelques extraits tout à l'honneur des Tourangeaux : *Nihil, excepto Flexiensi collegio, in nostra Provincia aut commodius aut magnificentius habemus... Ceterum urbs est amœnissimi situs, deliciis hortorum et omnium rerum copia felix, populosa ut quæ maxime. Civium autem recta est, polita, ingenua et tractabilis indoles, sic jam affecta erga nostram Societatem ut ad eam excolendam et juventutis formandos et instituendos mores nos accessisse tardius, sit vehementissime dolendum.* Le P. Paulin intervint comme partie, avec le Père provincial Étienne Binet, dans le « concordat » passé entre le Corps de Ville et les Jésuites, le 6 septembre 1635, et signa : *Charles Paulin, Sup.*

1. A l'époque où Louis XIV visita le collège, la chapelle, dédiée à saint Joseph, n'était pas encore achevée ; elle s'élevait sur l'emplacement même de la chambre qui avait vu naître Boucicault.

2. *Gazette.*, p. 919.

leine, le régal d'une séance littéraire enfantine. Il en
était très fria̍n l.

CE jour là Leurs dites Majestez, après avoir entendu la
Messe en l'Église du collège des Iésuites, entrèrent dans
leur grande salle bien parée : et estans montées sur un petit
théâtre qui leur avoit été dressé couvert d'un dais, dix escoliers
es u h an, sous ces Père , *de l'âge et de la stature du Roy*, vinrent représenter en vers et en prose Françoise toutes les
passions de l'âme, avec tant de grace, que Leurs dites Ma-
jestz témoignèrent en estre fort satisfaits (1).

Le lendemain, 15 octobre, Louis XIV, avec le
petit Monsieur et Mazarin, entendit sa dernière
messe « dans l'église du Noviciat des Iésüites » et
s'embarquait sur la galère du retour. Saintes, Saint-
Jean-d'Angely, Poitiers, Châtellerault marquèrent les
étapes les plus importantes au dessous de la Loire. Un
mois, jour pour jour, après avoir quitté Bordeaux, la
cour rentrait à Paris (15 novembre).

Dans ce long voyage de Guyenne, le troisième que
le roi et la reine avaient entrepris en cette année
(1650), leur piété envers les peuples des provinces
avait été, comme le remarquait le P. Paulin, de pair
avec l'accomplissement de leurs devoirs religieux. En
Guyenne, la misère était peut-être plus affreuse qu'en
Bourgogne. Les Frondeurs, pour subvenir aux frais de

---

1. *Gazette*, p. 1435.

leur guerre criminelle, levaient d'avance les impôts, réquisitionnaient et ruinaient le pays. La douloureuse peinture de ces maux, qui ne touchaient pas à leur terme, a été faite dans un ouvrage si connu qu'on ne peut y revenir (1). Peut-être M. A. Feillet, sans exagérer ces tristes calamités, a-t-il montré la cour sous un jour trop sombre. Partout Leurs Majestés défendaient aux villes enthousiasmées de se mettre en frais, « préférant le sacrifice des cœurs à toutes les pompes et magnificences (2). » De l'antique cérémonial usité pour la première entrée du roi dans ses bonnes villes, elles ne gardaient que le privilège de délivrer les prisonniers et ne visaient qu'à se faire aimer par la bonté et la clémence. Leurs sujets suppléaient au défaut de réjouissances officielles par un accueil plus cordial. Seuls, les Bordelais étaient animés, écrivait Colbert, « de la volonté la plus endiablée (3). » Ils repoussèrent durant deux mois la force par la force, et n'ouvrirent leurs portes au roi (1er octobre) que pour aller à temps vendanger leurs vignes de Médoc.

Ces luttes perpétuelles, ajoutées aux fatigues et aux incommodités du voyage, brisèrent les forces de la reine. Sa parfaite santé, que constatait le P. Paulin, ne

---

1. A. Feillet, *La Misère au temps de la Fronde et saint Vincent de Paul*, 1886, in-12, 5ᵉ édition.

2. *Gazette*, p. 356.

3. *Lettres, instructions et mémoires de Colbert*, publiés par P. Clément, t. I, p. 54.

tint pas jusqu'au bout. Elle prit les fièvres en route et demeura longtemps malade à Paris. Monsieur fut également atteint. Louis XIV résista. Il était homme avant l'âge.

LOUIS XIV à l'âge de 14 ans.
(Gravure de J.-B^te SCOTIN,
d'après un tableau d'Antoine BENOIST,
1704, Musée du Louvre.)

Chapitre Huitième

Le roi majeur.

ENDANT la fin de cette année et la première moitié de 1651, rien ne change dans le train de vie du jeune prince. Ses dévotions sont les mêmes ; il communie aux bonnes fêtes, renouvelle, le jour de Noël (1650), sa Première Communion à Saint-Eustache, va d'église en église et de sermon en sermon, comme s'il était encore sous l'œil de sa mère. Durant le carême il se fait un plaisir de courir les prédicateurs, entendant le plus souvent « le P. Pingré, Jésuite, qui prêchait à Saint-Jacques de la Bretonnerie (1). » A Pâques (1651) il est témoin, à Saint-Eustache, de la Première Communion de son frère le duc d'Anjou. Le jour de la Fête-Dieu, il reçoit au splendide reposoir du Palais-Cardinal toutes les processions de Paris.

Les exercices physiques et les jeux militaires forment ses divertissements préférés. Il chasse au bois de Boulogne et à Versailles, se promène à Rueil et à Clichy, danse des ballets, traverse la Marne à la nage et fait la petite guerre dans son fort du palais Brion (2). Un

---

1. Papiers du P. Lauras.
2. Il existe à la Bibliothèque nationale (Estampes, collection de l'His-

jour il porte un toast aux chefs de l'armée de Flandre et leur promet de se rendre auprès d'eux. Le roi conquérant s'annonce.

Une des meilleures fêtes du roi écolier fut d'assister à la distribution des prix du collège de Clermont. Comme les historiens ont cru voir dans ce menu fait quelque conséquence, il n'est pas hors de propos d'en parler en cette étude. C'est une occasion trop naturelle de rectifier M. Emond.

Cet historien du collège Louis-le-Grand croit savoir que la célèbre maison d'éducation dut le patronage de Louis XIV à une tragédie qui serait la *Susanna* du P. Jourdain, et qui aurait été jouée en 1650, lorsque le prince avait douze ans (1). Or, *Susanna* ne fut représentée que trois ans plus tard. La pièce qui, la première,

---

toire de France) une *Veue du fort Royal fait en l'année 1650 dans le jardin du Palais-Cardinal pour le divertissement du Roy.* C'était un ouvrage considérable.

1. *Histoire du collège Louis-le-Grand,* par G. Emond. Paris, 1845, in-8°, p. 130-131. — M. Ernest Boysse, *Théâtre des Jésuites,* 1880, in-12, p. 120 et suiv., donne la date exacte de 1653, mais il ne paraît pas avoir connu la pièce et assure même qu'elle n'a pas été imprimée. Elle l'a été cependant l'année suivante, sous ce titre : *Hadr. Iordani Susanna tragœdia, acta coram Rege in colleg. Claromont. Parisiis, ex officina Cramosiana.* CIↃ. IↃC. LIV. (Bibl., nat.. réserve, PYC 1, 060.) M. Boysse aurait tiré bon parti de la préface, qui contient une intéressante dissertation et l'éloge de Pierre Corneille. — Quant à *Saulus,* M. Boysse reproduit sans un mot de commentaire (p. 118) les quarante vers de Loret, qui ne lui ont appris ni le titre ni le sujet de la pièce. Aurait-il ignoré le compte-rendu en douze pages qui figure à la *Gazette,* 1651, n° 102, p. 827, et n° 103, p. 829-840 ? Là aussi il aurait trouvé un curieux préambule sur l'utilité de la tragédie de collège, qu'il a si bien démontrée.

attira le roi au collège est le *Saülus*. Il y assista le
lundi 7 août 1651, dans l'après-dîner, étant accompagné
de la reine Anne d'Autriche, de Monsieur, duc d'Anjou, de Jacques Stuart, le futur roi d'Angleterre, appelé
alors le duc d'York et non encore converti au catho-
licisme, enfin des princes et princesses.

La tragédie, dédiée à Louis XIV, avait été annoncée
par des « affiches » distribuées en ville. D'après
Dubuisson-Aubenay, on y voyait « dans un ovale en
taille-douce l'image du Roi, qui a semblé à beaucoup
de gens une grande faute de jugement aux Jésuites
d'avoir mis l'image du Roi avec le nom de Saül, roi
réprouvé de DIEU et qui a péri malheureusement, et
avoir à Sa Majesté dédié cette pièce funeste et de
mauvais odeur et présage (1). » Y fallait-il découvrir
une leçon hardie donnée au futur monarque, si jamais
il abandonnait la loi divine ? Le chroniqueur de la
Gazette trouve ce spectacle « royal, par la mort d'un
Roy qui y succomboit sous les coups de la colère du
Souverain des monarques, » et il observe que cette
pièce tirée de l'Écriture Sainte était ornée d'inventions
poétiques et de moralités « nécessaires à faire aimer
les bonnes actions et à fuir les mauvaises ».

Le gazetier passe ensuite à la description du théâtre,
qu'il avait pu contempler avec le public le jour même
et les quatre suivants. Cette décoration occupait la

---

1. Dubuisson-Aubenay, *Journal*, t. II, p. 98.

cour d'honneur, large de plus de cent pieds, et sa magnificence répondait à ses dimensions ; elle fut jugée une des plus belles du siècle. La scène représentait un édifice bâti à jour, en portiques et en galeries. Au fronton du milieu, deux anges soutenaient les armes de France et de Navarre; les quatre autres encadraient les bustes d'Henri IV, de Marie de Médicis, de Louis XIII et de la Reine régente. Galeries, balustrades et escaliers paraissaient de marbre blanc ; ils étaient rehaussés de plaques de jaspe et de marbre noir, avec bases et chapiteaux de bronze, et soutenus par de riches termes à gaine. Sur le pavillon central s'élevait un piédestal où se lisait en lettres d'or : LVDOVICO XIV REG. CHRISTIANISS. AGONOTHETÆ SVO. THEATRVM CLAROMONT. Le socle supportait une statue équestre de Louis XIV « vestuë et armée à l'antique ».

C'était un don du chevalier de Soissons, qui en faisait lui-même les honneurs ; il dit « la dédicace au Roy en vers François, de si bonne grâce qu'il fut attentivement oüy de Leurs Majestez et de toute la cour ». Puis le comte d'Armagnac, fils aîné du comte d'Harcourt, fit l'ouverture de la représentation « avec une gentillesse et grace qu'il continua dans la danse des balets à quatre parties qui servoyent d'Intermèdes aux Actes de la Tragédie, à laquelle ils estoient aussi très ingénieusement raportez, et furent dansez par un grand nombre d'enfans de condition, pensionnaires de ce collège, qui y firent à l'envi admirer leur légèreté et leur adresse. » La tragédie paraît avoir eu quatre actes. Le sujet était la vocation, les égarements et la réprobation de Saül. L'action dura près de quatre heures, et le roi, qui y prit le plus vif plaisir, bien qu'elle fût en latin, y prêta jusqu'à la fin une égale attention. Le détail des ballets témoigne, en effet, d'une variété bien propre à défendre de l'ennui. Une magicienne évoque une ombre et change, comme Circé, des hommes en bêtes ; un berger rompt le charme. Jonathas livre à Achis un combat singulier. Les chefs de l'armée ensevelissent le guerrier vaincu, et les filles de Sion le pleurent sur les montagnes de Gelboé. La mythologie n'intervient qu'assez tard dans ces scènes bibliques. Gelboë est remplacé par le Parnasse, et Apollon, « au bruit des prix que Sa Majesté a fondez, fait venir des personnes de toutes les Facultez pour les disputer. » Alors eut lieu la distribution, après laquelle les acteurs complimentèrent le roi et en reçurent de grandes caresses.

Les fêtes terminées, le P. Paulin envoyait ce billet au P. Goswin Nickel, qui, depuis la mort du P. Piccolomini (17 juin), était Vicaire général de l'Ordre :

11 août 1651.

L E sept de ce mois, le Roi très chrétien, la Reine très chrétienne et toute la cour, vinrent avec un apparât vraiment magnifique et royal aux exercices littéraires de notre collège.

Rien, DIEU aidant, ne se pouvait mieux passer, tant nous craignions à bon droit l'ennui de Leurs Majestés. L'incroyable bienveillance du Roi et de la Reine ont tout surpassé. Fait digne de remarque : pour l'un et pour l'autre, c'était leur première entrée dans l'Université de Paris. Un si heureux événement sera suivi, comme je l'espère, de nombreuses prospérités. Que la paix arrive ! C'est le vœu universel.

Avant d'arriver à la paix, il fallait que la France prît possession de son souverain. Louis XIV, âgé de douze ans et onze mois, touchait au terme de treize ans révolus, fixé par l'ordonnance de Charles V pour la majorité du roi, et déjà ses actions et son raisonnement paraissaient d'un homme de vingt-cinq (1). Le 7 septembre, il fut proclamé majeur en un célèbre lit de justice. Les cérémonies civiles et religieuses qui entourèrent cette solennelle déclaration prouvèrent quelles profondes racines le sentiment monarchique avait poussées depuis tant de siècles au cœur du pays. Elles permirent à la nation, en proie à des mécontents ambitieux, d'espérer qu'elle pourrait revivre des jours de calme et de grandeur sous un prince qui régnerait et gouvernerait.

La description de ces fêtes a été retracée en des pages presque émues par le consciencieux mais froid

---

1. Lettre de Palluau, le futur maréchal de Clérembault, citée par Chéruel. (*Minorité de Louis XIV*, t. IV, p. 418.)

historien A. Chéruel. Chez les spectateurs, ce furent
des larmes de joie. Pour nous, sans rappeler la pompe
et la magnificence de la cavalcade qui conduisit le roi
au Palais de Justice, nous devons reproduire le discours
si bref et si beau que Louis XIV prononça au sortir
de la messe à la Sainte-Chapelle :

« Messieurs,

« Je suis venu en mon Parlement pour vous dire
que, suivant la loi de mon État, j'en veux prendre
moi-même le gouvernement : et j'espère de la bonté
de DIEU que ce sera avec piété et justice. Mon chancelier vous dira plus particulièrement mes intentions. »

Puis, s'adressant à la reine, qui, en des termes aussi
pleins de religion et d'autorité, lui avait remis ses
pouvoirs, il répondit :

« Madame,

« Je vous remercie du soin qu'il vous a plu de prendre
de mon éducation et de l'administration de mon
royaume. Je vous prie de continuer à me donner vos
bons avis, et je désire qu'après moi vous soyez le chef
de mon Conseil. »

Le roi reçut les hommages et fit lire trois édits,
dont un « contre les blasphémateurs du saint nom de

DIEU », un autre « contre les duels et rencontres ».
Sur le premier, il déclarait avoir reçu tant de visibles
effets de la Providence, qu'il serait coupable d'ingrati-
tude envers la divine, Majesté s'il ne faisait régner ses
saints commandements. En conséquence, il renouvelait
les peines terribles décrétées par ses prédécesseurs
contre ceux qui blasphèment leur Créateur, et dont
« nous voyons le nombre, disait-il, s'accroître avec
l'impiété, au préjudice de l'honneur de DIEU et de ce
royaume (1). » Ne voir dans cette déclaration qu'une
mesure inspirée par la politique, et sans rapport aucun
avec les sentiments intimes du jeune roi, serait mal
connaître la manière dont la reine lui avait inculqué
de bonne heure la pratique du deuxième commande-
ment du décalogue. On ne récusera point le témoignage d'un homme qui fut d'ailleurs un roué libertin,
mais historien bien informé, ayant fait parler et le
vieux maréchal de Villeroi et sa propre mère, cette
maîtresse de beau langage, auprès de qui Louis XIV
apprit à converser en honnête homme (2). L'abbé de
Choisy, après avoir promis de ne point flatter le roi,
et tout en accusant Anne d'Autriche de s'être « peu
mise en peine » de l'éducation de son fils, ainsi que les
gouverneurs et précepteurs de l'avoir « presque aban-

---

1. *Déclaration du Roy contre les blasphémateurs du sainct Nom de Dieu. Vérifiée*, etc. Paris, 1651.

2. *Mémoires* de Choisy, édit. Michaud, p. 561 et 567.

donné à lui-même », raconte cette anecdote : « Il n'y
avoit que sur le chapitre de la religion qu'on ne lui
pardonnoit rien ; et parce qu'un jour la Reine-mère,
alors régente, l'entendit jurer (le petit Manicamp, qui
a soutenu toute sa vie le même caractère, lui avoit
persuadé que c'étoit là le bon air), elle le fit mettre en
prison dans sa chambre, où il fut deux jours sans voir
personne, et lui fit tant d'horreur d'un crime qui va
insulter DIEU jusque dans le Ciel, qu'il n'y est presque
jamais retombé depuis, *et qu'à son exemple le blasphème a été aboli parmi les courtisans, qui en faisoient
alors vanité* (1). »

Les *Mémoires* de Louis XIV confirment ceux de
Choisy (2).

Dans le second édit, il estimait ne pouvoir plus efficacement attirer les grâces et bénédictions du Ciel sur
lui et sur ses États, qu'en réprimant sévèrement, à
l'entrée de sa majorité, un désordre contraire aux lois
de la religion chrétienne et aux siennes, et très préju-
diciable à ses sujets, spécialement à la noblesse (3).
Ces premiers efforts de Louis XIV pour réprimer la
fureur des duels, qui, assoupie sous Louis XIII,
s'était rallumée pendant la régence, ont été racontés

1. *Mémoires* de Choisy, p. 561.

2. *Mémoires de Louis XIV*, année 1661, t. II, p. 420.

3. *Edict du Roy contre les duels et rencontres. Vérifié en Parlement, le Roy y séant, le 7 septembre* 1651. Paris, Roçolet, 1658, in-4°.

ailleurs (1); nous n'en rapporterons que cette phrase du comte d'Argenson : « Le roi Louis le Grand, à qui, *dès son plus bas âge*, on avait inspiré l'aversion de ce grand désordre, qui lui ôtait plus de noblesse que la guerre n'en faisait mourir, entra si fort dans les sentiments que la Compagnie [du Saint-Sacrement] avait sur ce sujet, que Sa Majesté, en diverses reprises, a ajouté aux précédentes déclarations des choses plus fortes que l'on eût osé imaginer, pour détruire absolument les duels en France. » On peut contrôler ces Mémoires de d'Argenson par ceux du roi lui-même. Les sentiments de Louis XIV sur le duel étaient sincères et ne varièrent pas (2).

Un troisième édit proclamait Condé innocent ; mais Condé, mal conseillé, n'avait pas voulu de la clémence royale, et la veille même il était parti de Paris.

Les actes du roi répondirent à ses paroles. Le lendemain, en la fête de la Nativité de Marie, il se rendait à Notre-Dame. Là, avec la reine, qui n'était plus la régente, mais restait pour lui sa mère, il entendit une messe basse à l'autel de la Vierge, après laquelle il communia. Ensuite il entra au chœur. S'étant placé dans les « hautes chaises », en avant des chanoines, il assista à la grand'messe pontificale célébrée par l'arche-

---

1. Voir dans les *Etudes*, janvier 1889, p. 113 et suiv., *la Compagnie du Saint-Sacrement. Une page de l'histoire de la Charité au dix-septième siècle*, par le P. Ch. Clair.

2. *Mémoires de Louis XIV*, t. II, p. 420.

vêque (1). Tout le corps de ville, prévôt des marchands, échevins, conseillers, quarteniers et notables, représentait la bourgeoisie fermement ralliée à la monarchie.

L'impression causée par la déclaration de majorité du souverain fut universelle. Dans Louis XIV on avait vu percer Louis le Grand (2). Laissons la foule applaudir au cheval isabelle que le prince, chapeau en main, faisait sauter à courbette ; mais consultons ceux

---

1. *Gazette*, p. 1005.

2. D'autres voyaient surtout en lui le petit-fils de saint Louis. Parmi les nombreuses estampes gravées à l'occasion de cet événement, il n'en est point d'une inspiration plus touchante que celle-ci : *Le Roi, après sa majorité, présente sa couronne à la Religion, qui lui fait voir son sacre et la sainte Ampoule dans la perspective.* Louis XIV, ravissant de jeunesse, de douceur et de majesté, s'est agenouillé pour offrir à la Religion sa couronne fleurdelisée qu'il tient à la main. Il est présenté par Louis IX, debout derrière lui, le front ceint d'une auréole, la physionomie empreinte d'une espérance craintive et suppliante. On lit au bas plusieurs prières, dont voici les deux premières :

Prière du Roy. — « JESUS CHRIST, Roy du Ciel et de la Terre, ie vous adore et reconnois pour le Roy des roys ; c'est de vostre Majesté Divine que ie tiens ma Couronne . Mon DIEU, ie vous l'offre pour la gloire de la Très Sainte Trinité et pour l'honneur de la Reine des Anges, la Sacrée Vierge Marie, que i'ay choisye pour ma Protectrice et des Estats que vous m'avez donnés. Seigneur, baillez-moi vostre crainte et vne si grande sagesse et humilité, que ie puisse devenir vn homme selon vostre cœur, en sorte que ie mérite efficacement le tiltre aimable de Louis Dieu-donné le Pacifique pour maintenir vostre Peuple en paix, afin qu'il vous serue auec tranquilité et l'acomplissement de toutes les Vertus. »

Vœu et Prière des Peuples pour le Roy. — « Adorable Rédempteur JESUS-CHRIST, qui estes le distributeur des Couronnes, receuez la piété du Roy très-chrestien et exaucez ses Prières respectueuses faictes par l'entremise de vostre Saincte Mère Vierge ; que l'influence des Graces du Saint-Esprit luy soit donnée, afin que, croissant en age, il croisse aussi en telle sagesse, qu'il puisse maintenir vostre Peuple en paix, pour mieux observer vos Saincts Commandemens. »

qui pensaient : après le maréchal de Clérembault, après l'ambassadeur vénitien Morosini, après Mazarin exilé écrivant à Villeroi : « Vous savez combien de fois je vous ai dit que nous pouvions attendre, que ce serait un prince aussi accompli que l'on en eût vu depuis plusieurs siècles ; j'en suis persuadé plus que jamais ; » après tous les témoins, écoutons le P. Paulin, qui connaissait son élève autant que d'autres. Voici sa lettre adressée le lendemain au P. Vicaire Goswin Nickel :

Paris, 7 septembre (*pour le* 8) 1651.

HIER le Roi très chrétien a fait son entrée à cheval, au milieu de la plus magnifique cavalcade, en sa cour de Parlement ; et, sous d'heureux auspices, croyons-nous, il s'y est est déclaré majeur. Dans l'amnistie accordée pour les crimes quelconques commis contre l'autorité royale, il a laissé briller la clémence et la grâce de ses discours. Il a pris l'engagement de régner (si telle est la bonté de DIEU) avec la piété pour guide et la justice pour compagne. Quels furent les applaudissements des assistants, les cris d'allégresse, les accords éclatants des tambours et des trompettes, je ne le saurais l'exprimer. Hélas ! le prince de Condé a manqué à la joie publique. Que DIEU détourne ce présage et règne dans le cœur de tous !

P. S. — Je prie V. P. de féliciter le Roi de sa majorité, et suis dans le Seigneur JÉSUS, de V. P., etc.

Chapitre Neuvième.

Le ministre de Brühl.

DÈS la première heure de sa nomination, et avant même d'entrer dans l'exercice de ses fonctions, le P. Paulin avait eu le rare avantage de réunir sur son nom les suffrages et l'estime de ceux que la politique séparait le plus. En un temps où tout n'était que division et confusion, un pareil accord suppose un caractère bien conciliant et bien pacifique chez celui qui était l'objet d'une faveur aussi unanime. Tel est en effet le trait dominant de sa physionomie morale.

« Je cognois le désigné confesseur, écrivait à Dupuy le premier président Mathieu Molé ; c'est un esprit très modéré (1) » Ce simple mot, tombé de la plume de l'illustre magistrat, nous en apprend plus que de longues phrases. Un Père de la Maison professe, informé par sa famille de l'état de la cour, le P. de Ventadour, en parlait dans le même sens à son cousin, le P. Florent de Montmorency. « Il se trouve, lui disait-il, que le Père Paulin, suppérieur, choisi pour estre confesseur du Roy... est agréable à son Altesse Roialle et à Monseigneur le Prince, et certes univer-

---

1. Mathieu Molé, *Mémoires*, t. IV, p. 69.

MESIRE MATHIEV MOLLÉ CON^ER DV ROY
en fes conscils premier president au parlement de paris.
et garde des sceaux de frnce du 3 Auril. 1652
Montcornet ex

saillement à toute la Cour (1). » Cette bonne fortune d'agréer à la fois à deux personnages aussi différents que Gaston d'Orléans et le grand Condé, n'a pas échappé au P. Rapin, qui ajoute avec sa malicieuse bonhomie : « En plaisant extrêmement aux princes, *il ne déplut pas au ministre* (2). » Cette dernière assertion ne contient pas toute la vérité ; le P. Paulin eut non seulement l'heur de plaire à Mazarin, mais encore le mérite de lui rendre d'utiles services.

Leurs rapports nous sont connus dans la période qui précéda l'exil du cardinal. Avaient-ils donc cessé avec le départ du proscrit pour la frontière (mars 1651) ? La meilleure réponse à cette toute naturelle question sera dans l'analyse de leur correspondance pendant cette longue épreuve. Le confesseur du roi y révèle cette fidélité qui survit à la fortune et s'attache au malheur.

Le « ministre de Brühl », comme l'appelait Mme de Motteville, ne tarda pas à recevoir les protestations d'inaltérable dévouement du P. Paulin. Il y répondait, le 11 juin, en ces termes de haute bienveillance :

VOSTRE lettre m'a extrêmement consolé, car je sçay que c'est le cœur qui parle ; je vous prie d'estre asseuré qu'il n'y a rien à adiouster à l'estime et à l'affection que j'ay pour vous, que je m'y fie entièrement, et que je compte, sur vostre amitié comme sur vne chose qui ne me sçauroit jamais manquer.

---

1. Ventadour à Montmorency, 29 oct. 1649.
2. Rapin, *Mémoires*, t. I, p. 198.

Je me recommande à vos bonnes prières, et je me flatte de pouuoir prétendre à celles de la Compagnie, puisqu'il n'y a personne qui l'honore comme je fais et qui souhaicte auec plus de passion la seruir et embrasser fortement ses intérêts (1).

La meilleure preuve que cette estime du P. Paulin était sincère sous la plume du grand diplomate, c'est qu'écrivant confidentiellement à d'autres, il avait tenu le même langage. Ayant désiré se rapprocher de son adversaire triomphant, le prince de Condé, il n'avait vu rien de plus sûr à proposer à Hugues de Lionne que l'entremise du conciliant Jésuite.

LA Reyne doit sçavoir que le Père Paulin est grand amy du président Perraut, e: si on vouloit faire agir celuy-cy pour gaigner davantage l'esprit de M. le Prince, ledict Père seroit un instrument fort propre et fort utile pour cela, et s'acquitteroit avec adresse et fidélité de ce que S. M. luy ordonneroit (2).

Durant ces premiers mois de l'absence du cardinal (1651), la reine avait toujours suivi les avis de celui-ci apportés à la cour par des émissaires secrets ; mais, à

---

1. Mazarin à Paulin, Bruhl, 11 juin 1651. Lettre inédite. Affaires étrangères, *France*, t. CCLXVIII, fol. 123. Copie. On lit en marge : « Au l'ère Pau'in, de ma main, le 11ᵉ *May* 1651. » Cette indication de mois est erronée.

2. Mazarin à Lionne, Bruhl, 23 avril 1651. *Lettres du cardinal Mazarin*, publiées par Chéruel, t. IV, p. 144.

la veille de la majorité du roi, c'est-à-dire au moment même où elle allait recueillir les fruits de ces conseils, son courage parut la trahir.

Deux jours avant la cérémonie, le 5 septembre, le parlement enregistra, avec la lettre en faveur de Condé, une déclaration royale contre Mazarin, qui confirmait la sentence de bannissement. Contraste cruel : plusieurs des anciens serviteurs du roi recevaient une éclatante récompense. Villeroi était créé duc et pair. Molé recouvrait les Sceaux pour la seconde fois. Chasteauneuf et La Vieuville reprenaient place au conseil. Et Louis XIV qui montrait tant de fermeté dans la constitution de ce premier ministère, semblait abandonner Mazarin à la haine du parlement. En vain la reine s'était efforcée d'adoucir la rigueur du coup en faisant parvenir au banni l'assurance de son affection. Le cardinal, découragé, « demande avec des larmes de sang » son honneur (1). Il s'ouvrit de son amère désolation au confesseur du roi et lui adressa cette remarquable apologie :

Au Père Paulin,

du 30e Septembre 1651.

JE ne vous sçaurois assez exprimer la joye que j'ay receüe de la tendresse avec laquelle vous m'escriuez. Je m'estois proposé de vous enuoyer vne longue lettre, mais il m'est impossible dans l'affliction en laquelle je suis, ayant sceu le

---

1. Chéruel, *Minorité de Louis XIV*, t. IV, p. 423, n. 3.

contenu dans la déclaration contre moy, donnée par le Roy
de l'aduis de la Reyne, registrée au parlement, imprimée et
criée par les rües. Je prie DIEU de ne me faire jamais miséricorde, si je n'ay du mérite et si on ne me doit des loüanges
sur tous les poinctz pour lesquelz mon Maistre m'a déclaré
criminel. Je sçay bien que leurs Majestez en sçauent la vérité.
Mais cependant si on n'y apporte vn prompt remède, je
passeray pour vn scélérat et pour vn ridicule dans toute la
Chrestienté ; et n'ayant jamais trauaillé que pour acquérir de
l'honneur, je vous laisse à penser à quel point est mon des-
plaisir, voyant qu'il faict naufrage et que, pour la récompense de vingt-trois ans de seruices fidelles, desintéressez et
utiles, les impostures de mes ennemis sont authorisées par
le Roy et par la Reyne, et moy, sans estre ouy, puny
d'vne peyne bien plus séuère que de la mort, puisqu'elle
va à m'oster l'honneur ; j'ay recours à voz prières et à celles
de vos bons amys, car je ne dois attendre en ce rencontre
de la consolation que du Ciel, et je vous seray aussi très
obligé si outre cela vous auez la bonté de m'assister de vos
bons conseils.

Leurs Majestez ne sçauent pas asseurement l'importance
de ce qu'elles ont faict, et ceux qui les auront conseillées d'y
donner les mains ne les auront pas informées des crimes des-
quelz je seray noircy par cette déclaration que personne ne
peut contester qu'elle ne touche à leur honneur, à leur conscience et à leur seruice. Quand vous n'auriez pas l'amitié que
vous auez pour moy, je suis persuadé que par d'autres principes vous rechercherez les occasions de remonstrer à leurs
Majestez que DIEU ny tous les hommes du monde ne peuuent
approuuer qu'un innocent souffre et qu'on oste l'honneur à

son fidel seruiteur qui a trauaillé toute sa vie pour releuer celuy de la France.

Vous pourrez bien communiquer cecy à M. de Lauaur (1 et à M. de Constance (2), auxquels je me fie entièrement, mais pour les autres je vous recommande le secret.

Je vous remercie de toutes les nouuelles que vous me donnez ; j'en fais beaucoup de cas et j'en tirerois du profict, si l'estat auquel je suis me permettoit de m'appliquer à aucune chose. Je suis fort estonné de ce que vous me mandez de M. de Rodez, auquel j'ai donné sujet d'estre de mes meilleurs amys. Je vous prie de m'aymer tousiours et de vous souuenir qu'il ne se peut auoir plus d'amitié et d'estime pour vne personne que celle que j'ay pour vous, que ma passion pour tout ce qui regarde vostre compagnie est au poinct que je vous ay pro-testé diverses fois (3).

1. Jean-Vincent de Tulles. Nous avons cité plusieurs de ses lettres, *Études*, sept. 1891, p. 86 et suiv.

2. Claude Auvry. Il occupa le siège de Coutances, de 1647 à 1658, et fut nommé trésorier de la Sainte-Chapelle en 1653. C'est un des héros du *Lutrin*.

3. Mazarin à Paulin, Bruhl, 30 sept. 1651. Lettre inédite. Aff. étr., *France*, t. CCLXVIII, fol. 240. Par le même courrier, le cardinal écrivait à l'évêque de Lavaur : « J'ay receu vostre chiffre... La personne qui vous rendra cette lettre vous donnera au long de mes nouuelles. Et luy *et le Père Paulin, auquel je vous prie de rendre le billet cy-joinct*, vous diront l'estat dans lequel je suis et la raison qui m'empesche de vous escrire si amplement que j'eusse voulu. » *(Ibid.)* D'autre part Mazarin écrit à Colbert, à cette même date : « Vous recevrez encore la copie de *quatre motz que j'escris au P. Paulin là-dessus*, et vous ne communi-querez ny l'un ny l'autre en confidence à qui que ce soit qu'à M de Senneterre et à M. Le Tellier, auquel vous ferez des excuses si je n'envoye pas de response à la lettre qu'il a pris la peyne de m'escrire... » *Lettres*, édit. Chéruel, t. IV, p. 454. Il ressort de ces rapprochements que nous sommes loin de posséder la correspondance complète de Mazarin avec le P. Paulin.

Giulio Mazarini s'était toujours souvenu qu'il avait été élève des Jésuites à Rome (1). Il croyait avec raison pouvoir invoquer dans la mauvaise fortune le secours de ceux à qui il avait prouvé sa reconnaissance en des temps heureux.

D'autres points plus importants sont à relever dans cette lettre. Le patriotisme de cet étranger, qui travailla toute sa vie pour établir en Europe la prépondérance de la France, y apparaît avec toute sa sincérité et sa grandeur. C'est là que le cardinal mettait son honneur. Chassé de son pays d'adoption, il avait répondu aux avances des Espagnols qu'il resterait toujours Français de cœur. Les princes du sang, Condé et Conti, les duchesses de Longueville et de Chevreuse, le Coadjuteur et le parlement, s'étaient montrés moins scrupuleux. La Fronde, en s'alliant à l'Espagne, nous fit perdre les avantages de dix ans de victoires et retarda de longtemps la paix des Pyrénées. Servir le ministre qui, au travers de tant d'obstacles, sut, à force d'intelligence et de volonté, conclure un pareil traité, témoigne de la part de ceux qui le soutinrent une certaine connaissance des hommes et une rectitude de jugement alors peu commune. Le P. Paulin fut de ceux-là.

Monsieur de Rodez, ce rival dont nous avons constaté à diverses reprises la sourde lutte d'influence

---

1. *Histoire anecdotique de la jeunesse de Mazarin*, traduite par C. Moreau. Paris, 1863, p. 8 et 111.

contre le confesseur du roi, eut-il le coup d'œil aussi sagace, l'attachement aussi inébranlable ? Les mots couverts de Mazarin à Paulin feraient penser que le cardinal n'en doutait pas et refusait de croire à un mauvais rapport. Paulin cependant ne s'était point trompé. Le *Journal des guerres civiles* confirme ce que le religieux avait écrit au ministre sur ce précepteur moins « mazarin » que lui. D'après Dubuisson-Aubenay, dès que le cardinal, reprenant courage, leva à ses frais des troupes pour le roi, et s'avança vers la frontière afin de rentrer en France, Mgr de Beaumont parut faire cause commune avec les ennemis de l'ancien ministre.

BRUIT que l'évêque de Rodez, précepteur du Roi, a eu congé de s'en aller de la cour pour avoir dit au Roi que le bruit étant à Paris, que le cardinal Mazarin étoit revenu à Dinant, seize lieues de Sedan, rapprochant par ce moyen de la France, tellement que cela donnoit sujet à beaucoup de gens de croire et même de publier qu'il venoit à Sedan, cela nuisoit extrêmement aux affaires de sa Majesté et donnoit avantage à M. le Prince. On veut croire que ce discours, fait au Roi par M. de Rodez, a été concerté par lui avec les maréchal de Villeroy et marquis de Châteauneuf.

Le Roi ne veut pas que son précepteur, évêque de Rodez, le quitte, et lui a dit qu'il vouloit étudier avec lui plus que jamais (1).

---

1. Dubuisson-Aubenay, t. II, p. 127. — Voir aussi les *Lettres de Mazarin*, éd. Chéruel, t. IV, p. 426.

Hardouin de Beaumont, sauvé par l'affection de Louis XIV, attendait des années plus favorables pour se déclarer en faveur du ministre. Mais alors il lui écrira dans le ton que voici :

Rhodès, 17 7bre [s. a.]

Monseigneur,

JE sçay bien que le respect que ie doibs à V. E. m'oblige à ne l'aborder iamais qu'avec beaucoup de circonspection, mais il me semble aussi, Monseigneur, que ie ne pécheray point contre ce respect quand ie ne cacheray pas si fort ma ioye que ie ne vous die qu'elle est extrême de voir que tous les succès de cette campagne sont tels qu'ils font cognoistre à tout le monde que vous estes *le plus grand, le plus sage et le plus heureuz de tous les ministres qui ayent iamais esté.* Ouy, Monseigneur, il fault que ie le die, puisque ie le sens daduantage ; ie ne pense pas, si ie m'y sçay cognoistre, qu'il se puisse rien adiouster à ce que vient de faire V. E. et i'aduoue qu'il fault que les François soient mauuais françois, s'ils ne font continuellement des vœux pour sa conseruation, puisque c'est en faire pour la ruine de l'Espagne et pour la grandeur de cette Monarchie. *Dieu veuille que nostre Prince sçache bien cognoistre quel est son bonheur de vous posséder ;* DIEU veuille que dans ces conionctures ici où V. E. le sert si vtilement, sa Maiesté se souuienne des choses que i'ay pris quelquefois la liberté de lui dire de vos grandes qualités, et de la puissante protection que sa propre gloire et ses intérêts l'obligeoient de donner toute sa vie à V. E. Je ne doubte point, Monseigneur, que de ce costé là vous n'ayés toujours plus de satisfaction que vous n'en sauriez désirer, mais treuués bon que ie vous die que vous n'en aurez iamais tant que vous mérités et que vous en souhette *l'homme du monde qui est auec le plus de recognoissance, de vérité et de tendresse,*

Monseigneur, de V. E.

Le très humble, très obéissant, très obligé et très fidelle seruiteur.

HARDOUIN, E. DE RODÈS (1).

[1655 ?]

L'épître en tête de l'*Histoire du Roy Henri le Grand* (1661) est encore tout entière dans ce goût et répond à l'*Institutio principis* (1647), dédiée de même au cardinal. La Fronde fut le seul nuage qui troubla la sérénité de ces inaltérables sentiments !

Paulin vit plus clair ou fut plus ferme. C'est après que le parlement, exaspéré par la rentrée de Mazarin sur le territoire français, se fut emporté aux dernières violences, le qualifiant « de traître, de voleur public, d'ennemi du repos de la chrétienté », et mettant sa tête à prix, qu'il témoigna au cardinal l'attachement le plus passionné. Au milieu des péripéties de la guerre civile excitée par Condé au lendemain de la majorité du roi, la cour avait recommencé (27 sept. 1651) son odyssée à travers les provinces et se tenait à Poitiers. Mazarin, rappelé sans éclat par Louis XIV et Anne d'Autriche, avait déjà traversé la Loire à Gien et se

1. Affaires étrangères, *France*, t. DCCCXCIV, pièce 153, fol., 310.

rapprochait à petites journées. Sur ces entrefaites, le
P. Paulin lui envoya cette lettre, écrite en latin et d'un
lyrisme biblique :

<blockquote>

Éminentissime Seigneur,

Sous d'heureux auspices,

Vous venez fort attendu et fort désiré du Roi. L'approbation
divine se manifeste par des présages et par des coups
contre un cœur dur et rebelle. La Reine-Mère non seulement
montre, mais encore ouvre et abrège la voie. Il en est qui
voulaient votre arrivée un peu plus tard ; daignez ne les pas
condamner. L'ont emporté ceux qui la voulaient plus tôt. Venez
vite, venez, Eminentissime Seigneur. Mettez des ailes à vos
pieds ; nos vœux et nos applaudissements nous précèdent à
votre rencontre ; nous ouvrons nos cœurs pour vous recevoir.
Vous ne viendrez jamais assez tôt, croyez-m'en, si votre hache
déliée de son faisceau est assez tranchante pour la tête et le
cœur des ennemis du roi.

Tels sont en vérité les vœux très légitimes, je l'espère, que
forme celui qui est *ære et libra*, c'est-à-dire par la mancipa-
tion, et de plus par le lien sacré de la fidélité une fois donnée,

De votre Eminence

le très obligé et très dévoué serviteur

CHARLES PAULIN (1).

</blockquote>

---

1. Voici le texte original :

Poitiers, 21 Janvier [s. a.]

Eminentissime Domine.

Bonis auspiciis.

Venis valde expectatus, et valde desideratus Regi, approbante

TURENNE

HENRI DE LA TOUR D'AUVERGNE, Vicomte de Turenne
(1611–1675.)

(D'après le portrait de l'h. de Champagne.)

Le cardinal n'avait garde de rompre, comme il en était prié, le faisceau qui entourait sa hache héraldi-

Deo signis et plagis contra cor durum et rebelle, Matre Regina monstrante non modo,verum etiam aperiente et accelerante viam. Sunt qui aduentum tuum volebant aliquanto serius, eos noli damnare : vicere qui maturius. Veni citô, veni, Eminentissime Domine. Alas et talaria indue. Obviis te votis et ulnis petimus, in occursum tuum sinus effundimus. Venies nunquam satis citô, mihi crede, si securis tua, soluta suis fascibus, sit satis acuta in capita et corda inimicorum Regis.

Hæc profecto vota sunt iustissima, quod spero, eius qui est ære et libra,hoc est mancipio, ac diuino insuper nexu data semel fide,

Eminentiæ Tuæ

Obligatissimus ac dedıtissimus

CAROLUS PAULINUS.

[1652.] *Pictauıj,* 21 *januarij.*

Cabinet d'autographes de M. Étienne Cha⌣aray. — Sᶦ M. Chéruel avait connu cette lettre, peut-être se fût-il moins empressé d e s'inscrire en faux (*Ministère de Mazarin*, t. II, p. 33) contre le P. Rapin, affirmant dans ses *Mémoires* (t. II, p. 141) : « que le P. Paulin, ayant opiné à Poitiers, avec le maréchal de Villeroy, le marquis de Châteauneuf et d'autres personnes très considérables de la cour, contre le retour du cardinal, s'était brouillé tellement avec luy qu'il n'avoit plus de part en sa confiance. » La vérité nous semble être ici entre les deux extrêmes. La suite de la correspondance du P. Paulin prouve à l'évidence qu'il ne faillit point encourir la disgrâce du cardinal. Mais une petite phrase de sa lettre de Poitiers a bien l'air d'une excuse personnelle : *Sunt qui aduentum tuum volebant aliquanto serius, eos noli damnare.* Il est possible que le confesseur du roi se soit prononcé, non contre le retour de Mazarin, mais contre son retour *immédiat.* Ce fait, grossi par la malignité, fournissait un prétexte suffisant à « la cabale » du ministre pour se « déchaîner » sur le religieux.

que (1), « instrument de bûcheron, » écrivaient ses
ennemis, « et non arme de licteur. » Une de ses maximes était de s'en prendre plutôt à la bourse qu'à la vie.
Richelieu avait été impitoyable ; Mazarin fut humain.
Aucun des frondeurs ne paya sa révolte de sa tête.

Mais la guerre se poursuivait contre les troupes du
roi à l'intérieur et à l'extérieur : nul ennemi ne le fit
reculer.

Les événements militaires de l'année 1652 furent
décisifs contre l'insurrection de Paris et des provinces.
Condé, réduit à l'impuissance dans la Guyenne, rejoint
l'armée de la Loire par une marche hardie, écrase les
troupes royales à Bléneau et est sur le point d'enlever
à Gien Louis XIV avec la cour. Le 2 juillet, Turenne
livre à son rival le combat indécis de la porte Saint-
Antoine. La démagogie, en s'abandonnant à d'affreux
excès, jette de plus en plus la bourgeoisie dans le parti
monarchique. Les habiles commencent à voir de quel
côté penchera finalement la victoire. Le Coadjuteur,
qui vient de recevoir le chapeau de cardinal, n'aspire
plus qu'à devenir premier ministre et se rapproche de
la cour. Mazarin ôte le dernier prétexte à l'irritation
populaire en s'éloignant de nouveau (19 août). Il se
retire au château de Bouillon.

---

1. Mazarin portait : d'azur, à un faisceau d'or, lié d'argent, du milieu
duquel s'élève une hache consulaire de même ; à la fasce de gueules
chargée de trois étoiles d'or.

Chapitre Dixième.

Progrès par l'épreuve.

ALORS recommence entre le cardinal et le confesseur du roi une correspondance très suivie. Les affaires du Conseil de conscience ne la remplissent pas tellement que nous n'y trouvions à glaner diverses nouvelles, notamment sur les progrès de Louis XIV.

4 septembre 1651.

IL me paroist que tout va icy très bien pour le seruice du Roy et de V. E. On attend vendredi au soir le Cardinal de Retz et les Députez du Clergé. Nous verrons ce qu'ils diront.

« Nous attendons avec impatience la nouvelle de la reddition de Montrond (1). M. de Nouaille ne partira pas, si l'on peut, que cette affaire ne soit consommée (2). »

10 sept. « Sa M. communia. le jour de la Nativité de Nostre-Dame auec grande édification, et me promit qu'il prioit bien DIEU pour les persecutés ; il a raison, il y a grande justice. D'autres que moy diront à V. E. que Monrond pris met en très mauvaise humeur le Maistre (3) et que l'on n'est

1. La capitulation de cette place, principale forteresse des frondeurs dans le centre de la France, fut annoncée à Paris dans les premiers jours de septembre. Chéruel, *Ministère de Mazarin*, t. I, p. 281.

2. En marge de la lettre reproduite dans les *Etudes* de janvier, p. 70.

3. Le prince de Condé, *grand-maître de France*.

pas sage à Paris. Monsieur l'Archeuesque de Paris (1) n'a pas voulu laisser venir les curés auec son neueu à Compiègne. On festoit ce neueu auiourd'hui auec quelques-uns de Nostre-Dame...

« Voila Monseigr, vne partie de ce qui se présente, et c'est de tout mon cœur que ie suis de V. E.

« le très obligé et très dévoué seruiteur,

« CH. PAULIN.

« De Compiègne, ce 10 de 7bre (2). »

La députation du clergé de Paris, ayant à sa tête le cardinal de Retz, occupait, on le voit, tous les esprits. Le cardinal allait recevoir la barrette et acheter, au prix de sa soumisssion, un pouvoir qui lui échappait toujours. Le chef de la Fronde ne déposait pourtant ni son orgueil, ni son ambition. Il prononça un admirable discours où il parlait en maître et non en criminel. La cour y répondit par des phrases vagues et polies. Somme toute, il fut éconduit et se sentit moqué. Les bons mots dont il a semé ce récit dans ses *Mémoires*, ne le vengent pas de cette leçon.

Le 13 septembre, le jour même où Retz quittait Compiègne avec sa suite fastueuse, Paulin écrivit à Mazarin. Il débute par les nouvelles du roi :

---

1. Jean François de Gondi, premier archevêque de Paris (1623-1654), oncle du Coadjuteur.

2. Affaires étrangères, *France*, t. DCCCLXXXIV, pièce 139, fol. 281 .

l'Eminentissime IEAN FRANCOIS PAVL DE GONDY, Cardinal
de Retz, Archeuesque de Corinthe, Coadjuteur de l'Archeuesché de Paris,
Damoiseau de Comercy et souuerain d'Enaillect.

B. Moncornet excud. Auec priuil. du Roy.

Monseigneur,

POUR respondre à celle de V. E. du 9me, i'ay présenté au Roy ses très humbles respects ; il m'a demandé d'où et de quant estoit la datte ; en estant satisfait, il m'a dit : Mandez-luy que ie m'ennuie bien fort de ne le pas veoir. *Il ne se peut rien adiouster à la bonté d'un si grand naturel en vérité. I'en suis emporté.* C'est auec des ressentiments d'vne obligation essentielle que i'ay à V. E.

I'ay veu ensuitte la Reyne...

Le Cardinal de Retz est sorti persuadé, mais ie dis persuadé, que la 1re place de ministre estoit inexpugnable. La vérité ne luy a pas esté épargnée. La Reyne a esté préuenue de tout, et luy a parlé, car V. E. sçait qu'elle parle. Il ne s'est rien veu, ni de plus pressant, ni de plus solide. Bref, désirant sçauoir d'elle, tout présentement qu'elle sort de sa confidence, si elle en estoit contente, Elle m'a respondu auec la Sagesse qui ne peut estre trompée :

Ex operibus eorum cognoscetis illos, et luy a dit à luy-mesme que c'estoit là sa pierre de touche.

M'a adiousté que Monseig^r le duc d'Orléans et Monsieur le Prince, pour débaucher le duc de Lorraine lui présentent Clermont (1) ; qu'elle en venoit de receuoir des lettres. Je luy ay dit que Nancy valoit bien Clermont et que toute la Lorraine iointe à Nancy valoit encore plus.

Bref, DIEU ueuille conserver V. E. et me rendre digne de

---

1. Clermont-en-Argonne. Condé, qui sollicitait l'alliance du duc, lui fit offrir cette place. (*Lettres de Mazarin.* édit. Chéruel, t. IV, p. 524.)

sa bonté. Ie suis deuant les yeux de S. M. qui pénètre les cœurs,

> Monseig^r, vostre très déuoué seruiteur,
>
> Cн. PAULIN.

Trauaillons très bien à Paris, grâces à Dieu.

[13] 7bre (1).

La lettre suivante est de nouveau datée de Compiègne, où le roi attendait, pour rentrer à Paris, que toutes les factions y fussent, non pas vaincues l'une par l'autre comme elles l'avaient été déjà, mais entièrement réduites par le parti des « bien intentionnés ». Ainsi l'on ne s'affranchirait plus de la tyrannie d'une Fronde pour retomber dans l'esclavage d'une autre. Mazarin, qui avait commis d'abord cette faute, adoptait le seul vrai plan. La supériorité de sa politique sur celle de ses adversaires s'imposait désormais avec évidence. Le P. Paulin l'admire et ne cache pas son admiration à Louis XIV. « Ie ne perds et ne perdray nulle occasion, écrit-il au cardinal, à la date du 17 septembre, de faire auprès du Roy pour V. E. tout ce que ie doibs et à quoi ie suis obligé par mille tiltres, *mais en vérité tout ce que ie puis faire n'adiouste rien au beau naturel de S. M.* et à la juste reconnoissance de tout ce qu'il doibt à son premier Ministre (2). »

---

1. Affaires étrangères, *France*, t. DCCCLXXXIV, pièce 160, fol. 328.
2. *Ibid.*, pièce 170, fol. 353.

La famille de Mazarin avait part à ces sentiments affectueux du jeune roi. Nous nous souvenons que Paul Mancini était devenu, à peine arrivé en France (1647), un de ses compagnons favoris (1). Il faut tout l'esprit de parti de Laporte, aidé de son ingrate mémoire, pour avoir donné à entendre que Louis XIV ne le pouvait souffrir. Mais une accusation plus grave a été lancée contre ce jeune homme, et le moment est venu de la relever. Une mazarinade anonyme lui a reproché d'avoir été le corrupteur du roi ; elle assure du moins, mais sans nommer personne, que « les gens de bien » publiaient cela avec des soupirs et des pleurs.

. Quelqu'un prétendait donc, en l'année 1652, que « ce petit Italien aagé de cinq ans plus que Sa Majesté, faisoit tous ses efforts pour l'instruire et la porter dedans toutes sortes de vices et de desbauches (2) ». Grand soulagement pour le sensible pamphlétaire que DIEU ait rappelé à soi (18 juillet) (3) « vn infame et vn impie » qui aurait fait de Dieudonné, ce fruit des vœux et des prières dè la France, le sujet des larmes et des malédictions du peuple. Ni ces craintes

---

1. Motteville, *Mémoires*, t. I, p. 376.

2. *Lettre des dépvtez dv Parlement à Nosseigneurs de la Cour*, etc. Paris, 1652, p. 5-6.

3. Dubuisson-Aubenay, *Journal*, t. II, p. 250, donne cette date du 18, qui concorde avec la *Gazette*, p. 694 et 719. Celle du 14 juillet est une erreur de la *Mazarinade*.

pieuses, ni cette joie cruelle ne nous semblent dans la
vérité. L'écrivain qui a le plus étudié par leur côté
personnel et intime les dix-sept neveux ou nièces
appelés par Mazarin en France, a tracé un portrait
charmant de Paolo Mancini (1). Les lettres du Père
Paulin ne contiennent pas un mot qui puisse faire
soupçonner une fâcheuse influence exercée sur son
royal camarade par l'ancien élève du collège de Clermont. Le religieux semble au contraire affecté de sa
perte et unit ses regrets à ceux du cardinal et surtout
du roi (2).

  « *Il ne se passe iour que le Roy ne prie Dieu pour
le deffunct qu'il aime autant que s'il estoit viuant.
V. E. y est iointe sans y manquer. Bonté ! quelle
beauté de naturel !* De Compiègne, ce 17 de 7bre (3). »
La vive amitié que portait Louis XIV à Paul Mancini
ne saurait donc être mise en doute. Il ne semble pas
que ce fût une liaison dangereuse qui lui ait ensuite
inspiré si longtemps des prières, et qui donne à son
directeur tant d'occasions de s'exclamer sur les qualités croissantes d'un si heureux naturel. Une autre
lettre, écrite un mois après, contient ce portrait du
royal adolescent. S'il est vrai, comme on le prétend

---

1. *Les Nièces de Mazarin*, par A. Renée. 2e édit, 1857, p. 73.

2. Voir l'ouvrage du P. V. Delaporte : *De Historia Galliæ publica,
privata, litteraria, regnante Ludovico XIV, latinis versibus a Jesuitis
Gallis conscripta*. Paris, Retaux, 1891. In 8, p. 25.

3. Affaires étrangères, *France*, t. DCCCLXXXIV, pièce 170.

aujourd'hui en histoire, que la moindre parcelle de
vérité sur les grands hommes doit être avidement
recueillie, on saura peut-être quelque gré au P. Paulin
de nous avoir ainsi dépeint Louis XIV entré dans sa
quinzième année :

De Mantes, ce 14 d'8bre [1652].

Monseigneur, V. E. n'aura pas désagréable que ie luy
commence la présente par un doux souuenir de S. M.
Le 1er dimanche du courant, elle me dit qu'elle vouloit faire
prier Dieu pour le repos de l'âme de Monsieur de Mancini ;
ce fust à la Messe qu'il me le dit. Ie luy repartis que s'estoit
bien fait ; cela en demeura là. Le lendemain, à la Messe, il
reueint à la charge et désira que ce fust en nostre Eglize où
il auoit esté enterré (1), et me fist donner par le sieur Bontemps (2) dix pistoles d'or à cet effet. Tout cela de son chef.
Ie puis asseurer V. E. que c'est bien l'âme la plus candide et
la plus syncère qui soit dans son Estat. L'absence ne luy a rien
effacé, non plus que le temps, des iustes ressentiments qu'il doibt
auoir de ses bons seruiteurs. C'est un vray Dieudonné ; res-
pectueux envers la Reyne autant que iamais ; judicieux et
présent à soy, véritable, vaillant. Tout y est de Dieu. Monsieur
le duc d'Anuille (3) et Monsieur le grand-maistre, sans rien

---

1. Paul Mancini, mort à Pontoise, fut enseveli dans la chapelle de
l'ancienne résidence des Jésuites. Consulter, sur ses funérailles et son
tombeau, *Les Jésuites à Pontoise,* par H. Le Charpentier, 1880, in-8,
p. 9, 24 et 60.

2. Alexandre Bontemps, premier valet de chambre du roi, né le 9 juin
1626, mort en 1701

3. François-Christophe de Lévis-Ventadour, comte de Brion, puis duc
d'Anville ou de Damville en 1648, mort le 9 septembre 1661.

dire de tous les autres seigneurs qui sont autour de S. M., valent beaucoup, et reuiennent bien à son humeur, et sont bien fidèles seruiteurs de V. E. qui a d'aultre part très grand sujet d'estre satisfaite, ou ie me trompe, des seruices de Messieurs Le Tellier et Seruien (1).

Entre un libelliste sans nom, intéresser à calomnier, et un témoin tel que le P. Paulin, affirmant que l'entourage du jeune Louis XIV est excellent, le lecteur jugera.

Le retour de Mazarin était une des constantes préoccupations de quiconque s'intéressait au relèvement de la France, lasse des guerres civiles. Mais avant que le ministre reprît ostensiblement la direction des affaires, il fallait que le roi triomphât une dernière fois et rentrât dans Paris.

Nous avons décrit déjà plusieurs de ces cérémonies. Chacune d'elles avait attesté un rapprochement plus sincère des couches profondes de la bourgeoisie et du peuple. La réaction royaliste se consommait. Comme toutes les réactions, elle allait se porter aux extrêmes, et l'ère du monarque le plus absolu qui ait gouverné l'ancienne France, commençait. Ce n'était plus seulement une joie universelle et des protestations unanimes de fidélité, c'était la haine du peuple tournée

---

1. Abel Servien. Affaires étrangères, *France*, t. DCCCLXXXV, pièce 77, fol. 176.

contre les rebelles, et la disposition de tout faire pour se laver des fautes passées. « Les sujets ne parlent plus de traiter avec leur souverain, écrivait le P. Cordelier Faure : ils n'aspirent plus qu'à la seule gloire d'obéir (1). » La lettre du P. Paulin au Père général est pleine du même sentiment.

La journée du 21 octobre, en terminant la dernière Fronde parisienne, apparut clairement comme l'aurore d'un grand règne.

23 octobre [1652].

QUE les affaires tournent au mieux, que l'allégresse soit sincère et durable, les indices en sont certains. Pas un présage qui ne soit favorable. Aujourd'hui, le Roi très chrétien, après avoir vaincu et chassé les rebelles, à la plus grande joie des gens de toute classe et de toute condition, est en sa ville capitale. Il y a été accueilli par des acclamations et des hommages, des marques de soumission et de respect. Les vœux de V. P. et les nôtres sont exaucés ; c'était l'objet de nos prières publiques et privées, c'est là que tendaient nos vœux. Paris pacifié, il y a espoir très fondé de la paix à prochaine échéance. *La miséricorde l'emporte sur le sacrifice.* Un très petit nombre de châtiments ayant eu lieu, parce qu'ils semblaient nécessaires, l'autorité se rétablit. De tels effets ont DIEU pour auteur, et, par sa protection et son secours, ils seront éternels. Je me recommande, etc. (2).

1. Chéruel, *Ministère de Mazarin*, t. I, p. 343 et 352.
2. Paulin à Goswin Nickel, 23 oct. 1652.

La grâce préférée à la justice ; ce thème est plus digne d'un prêtre que l'appel à la hache de Mazarin. Louis XIV était assez fort pour être clément. Rentré à Paris, il s'était installé, non plus au Palais-Cardinal, mais au Louvre. Dans ce château fermé à l'émeute, il avait, dès le lendemain, mandé le parlement et fait enregistrer une déclaration par laquelle défense à cette cour de justice de s'entremettre désormais dans la politique et les finances. Un nouveau régime commençait.

En même temps Louis XIV accordait une amnistie générale. Quelques incorrigibles, tels que Beaufort, Broussel, le président Perrault, furent seuls bannis de Paris. Gaston d'Orléans racheta le droit de se retirer à Blois et d'y vivre en prince, par l'aveu humiliant de ses intrigues avec Retz. Condé et Conti, qui avaient passé à l'Espagne, furent déclarés criminels de lèse-majesté et leurs biens confisqués.

Chapitre Onzième..

L'Aube d'un grand règne.

L A cour rentrée à Paris le 21 octobre, Mazarin, qui avait quitté Bouillon le 15 et s'était rendu à Sedan, ne se pressait pas de pousser plus près. En vain Louis XIV lui dépêcha un courrier le 26, pour le prier de se mettre en chemin aussitôt cette lettre reçue; en vain l'assura-t-il du besoin qu'avaient les affaires d'un ministre si expérimenté, si passionné pour la prospérité de la couronne ; en vain lui protesta-t-il que l'absence n'avait apporté aucune altération à l'affection pour sa personne ; le cardinal, soit qu'il voulût se faire de plus en plus désirer, soit qu'il ne jugeât pas la place encore assez nette, soit qu'il eût à cœur de fortifier l'armée de Champagne, ne répondait qu'en rassemblant des troupes et des munitions pour aller rejoindre Turenne et le maréchal de La Ferté.

Aux instances du roi et de ses ministres, le P. Paulin unissait les siennes. « Mon eigneur, écrit-il en commençant sa lettre, à Paris, 9 novembre, i'espère que c'est icy la dernière deuant que de veóir icy, auprès de leurs Maiestez, V. E. (1) » Une semaine s'écoule. Désespé-

---

1. Affaires étrangères, *France*, t. DCCCLXXXV, pièce 173, fol. 367.

rant alors de rien obtenir en son nom, il pense être
plus heureux en se faisant l'écho des nouvelles prières
du roi :

> Monseigneur,
>
> CE n'est pas sans grande impatience que Sa Maiesté attend
> vostre tant désiré retour. Il m'en parla encore hier sur la
> fin de la Messe. *Il n'i eut iamais ni bonté, ni innocence pareille.*
> Monsieur le duc d'Anuille, auec lequel il se plaist, se comporte
> très sagement et luy donne de bons précepts. V. E. en
> connoist et le désintéressement et la bonté...
>
> Monseigneur,
>
> très humble, très obéissant et très déuoué serviteur,
>
> CH. PAULIN (1).
>
> De Paris, ce 17 de 9bre.

Enfin, le 25 novembre, il vient d'apprendre que
Mazarin, encore à Sedan le 21, est arrivé le 24 à
Châlons-sur-Marne, et parle de se rendre à Paris, après
la jonction des troupes royales contre Condé, « le plus
diligemment » qu'il pourra. Il lui écrit aussitôt :

> Monseigneur,
>
> PLUS V. E. s'approche, plus Sa Maiesté a d'impatience de
> la veoir. Le P. Duneau m'a écrit de Rome les belles et
> bonnes qualités du seigr Philippe Mancini. Le Roy m'a
> tesmoigné en estre raui, et ie préuoi que d'abord ce jeune
> seigr commencera par où le deffunct, qui me tousche tousiours
> le cœur, a fini, et croistra sans doute.

---

1. Affaires étrangères, *France*, t. DCCCLXXXVI, pièce 4 fol. 9

Ce nouveau neveu, qui allait succéder dans l'amitié du jeune roi à Paul Mancini, blessé à mort au combat du faubourg Saint-Antoine, était destiné à hériter pour moitié de l'immense fortune du cardinal, sous le titre de duc de Nevers. La préférence que ce seigneur, original, lettré et artiste, accorda à la *Phèdre* de Pradon contre celle de Racine, est le seul souvenir resté attaché à son nom. En 1652, il avait treize ans ; il n'était encore question, pour le futur poète du Temple, que d'apprendre le français (1) et d'entrer à la cour. Louis XIV, qui, lui aussi, devait un jour si peu ressembler au jeune homme pur et bon qu'il était alors, nous apparaît, dans la fin de cette lettre, croissant en charmes et en vertus :

Le Roy est tousiours guay et agréable, sage et bien pieux, aimant bien sa Mère, la Reyne nostre Souueraine, et le petit Monsieur son frère qui est tousiours luy-mesme à rauir. Il ne se met plus du tout en cholère. V. E. le méconnoistra.

Ie suis de V. E.,
Monseig.

Vostre très h., très obéis. et très dévoué seruiteur,

CH. PAULIN (2).

De Paris, ce 25 de 9bre.

---

1. Il passa d'abord six mois à Aix, chez son parent, le duc de Mercœur. Sur son éducation et ses maîtres, voir les *Annales du Collège Royal Bourbon d'Aix*, publiées par A. Méchin. Marseille, 1890. 3 vol. in-8, t. I. p. 207. Il arriva à Paris le 20 mai 1653. *Gazette*, p. 448 et 496.

2. Affaires étrangères, *France*, t. DCCCLXXXVI, pièce 37, fol. 73.

Ces sentiments si favorables allaient être partagés
par un autre Jésuite destiné à porter la charge de
confesseur du roi, mais dans un temps où elle serait
plus lourde. L'ex-assistant de France à Rome, le Père
François Annat, avait été jugé seul capable de
reprendre comme provincial la difficile succession du
P. de Lingendes. Dans une lettre du P. Paulin, pleine
encore d'appels à Mazarin, de détails sur les bénéfices
et les solliciteurs, nous recueillons la première et touchante impression que fit à Annat la vue de Louis XIV.

De Paris, ce 4 de décembre.

Dissipa et confunde illos
qui bella volunt aduersus
Christum Domini.

Monseigneur,

... Quand V. E. aura bien affermi le calme de Paris, nous
espéreons tout de sa bonté. Ie la puis asseurer que nos
PP. d'icy contribuent de tout leur pouuoir, par leurs prières,
pour les heureux succès des armes du Roy soubs la... (1)
de V. E.

Le Roy a des ioyes singulières de la venue en France du
cher neveu Philippe de Mancini....

Le Prouincial nommé par nostre Père (2), qui est le Père
Annat, est icy (3), très honeste homme, fort bien intentionné,
et tel qu'on le peut désirer...

1. Mot qui manque.
2. Goswin Nickel.
3. A Paris.

N. P. Prouincial (1), *après auoir salué leurs Maiestez, assista*
à la Messe du Roy. Il me dit en sortant qu'il estoit raui, ie dis
rauï de la piété du Roy. Il est vray, et cela doibt mettre en ioye
V. E., que le Roy est craignant Dieu et qu'il le prie de la bonne
façon...

La présente est escrite depuis celle de V. E. receué, croiant
qu'elle venoit à nous, et qu'en présence ie luy rendrois compte
de tout.

O que ie priray bien DIEU auèc nos Pères pour l'heureux
retour de V. E, de qui ie suis dans le calme de Paris où tout
est à espérer,

    Monseigneur,

        très déuoué et très obligé seruiteur,

          CH. PAULIN (2).

Mazarin avait donc déçu encore une fois les espérances de ses amis trop empressés. De Châlons, au
lieu de se rapprocher de Paris, il était reparti du côté
de Saint-Dizier et de Bar. Le P. Paulin reprit sa
correspondance, au risque de revenir un peu sur les
mêmes nouvelles.

    Monseigneur,

L E Roy est tousiours guay et bon. Il a le seigneur Philippe de
   Mancini dans l'esprit. Il m'en a encore parlé auiourd'hui
comme aussi de vostre retour. Les 8 ou dix jours que V. E.

---

1. François Annat.
2. Affaires étrangères, *ibid.*, pièce 64, fol. 138.

auoit promis dans sa lettre du 30 du moys passé sont expirez
à l'heure qu'elle lit la présente. DIEU gouuernera tout, si luy
plaist, à sa plus grande gloire et au bien de l'estat de Nostre
Roy Très Chrestien son seruiteur. Ie suis, dans cette pensée,
de V. E.

Monseig^r,

Vostre très h., très obéiss. et très déuoué seruiteur,

CH. PAULIN.

[*P. S.*] — Il y a icy quelque bonnet quarré qui remue bien
mal à propos ; quand il auroit moins d'vne corne, il seroit à
la Iésuiste (1)

Paris, ce 9 de décembre.

Quel était le docteur de Sorbonne dont les menées
inspiraient cette inquiétude, et pourquoi le P. Paulin
aurait-il voulu le voir coiffé de la simple barrette à trois
cornes en usage chez les Jésuites ? Toute allusion
subséquente fait défaut.

Nous sommes plus éclairés par lui sur un autre
personnage ecclésiastique, longtemps frondeur incorri-
gible, en faveur duquel le confesseur du roi se porte
maintenant garant. Comme le coadjuteur, l'abbé de La
Rivière avait convoité le chapeau, et, qui sait, même le
portefeuille de Mazarin ; mais, moins heureux que
Gondi, ayant tout brigué, il n'avait rien obtenu.
Conseiller intime de Gaston d'Orléans, il lui restait

---

1. *Ibid.*, pièce 80, fol. 179.

d'avoir été l'inspirateur de la stérile et maladroite ŏpposition faite par ce prince à la reine régente et au jeune roi.

Le P. Paulin, instruit des intrigues ambitieuses de La Rivière, avait, au début de la guerre civile, dénoncé au cardinal-ministre les propos dangereux de cet adversaire (1). Mais depuis, La Rivière avait vu périr tout espoir de fortune avec la défaite de Gaston. Paulin fut touché de miséricorde envers ce converti. Dès le 17 novembre, il en écrivit à Mazarin : « Monsieur l'abbé de La Rivière m'est venu veoir, et luy ay rendu la visite après en auoir parlé et pris la permission de la Reyne. Ie puis dire de luy : *Quantum mutatus ab illo!* » Cette métamorphose de l'ancien conspirateur ne se démentait point et se manifestait par des actes. Le P. Paulin est heureux de le constater :

Monseigneur,

IE croy que V. E. n'aura pas celle-cy désagréable. Ie luy ay parlé autrefois de M. l'abbé de La Rivière, auec vérité et syncérité. Ie continue à le faire. Il est entièrement changé, et se comporte très bien pour le seruice du Roy et de la Reyne et de V. E. ; cela m'a paru visible en trois différentes rencontres. I'en suis très édifié et me sens obligé à luy rendre cette iustice : *recte ambulat.* I'ay demandé à la Reyne de le

---

1. Mazarin, *Carnet* X, 10 sept. 1648.

veoir après qu'il m'a fait l'honneur que de commencer. l'en
suis très édifié. Il est à nous (1).

Ce dernier mot, qui est presque un cri du cœur,
prouve que le P. Paulin en était arrivé à regarder un
peu les affaires de Mazarin comme les siennes propres.
Cet intérêt, il le portait à tout ce qui passionnait le
cardinal, aussi bien dans la vie privée que dans la vie
publique. Mazarin, qui fut un des amateurs les plus
magnifiques et les plus intelligents de son temps, avait
perdu dans tous les troubles de la Fronde ses admira-
bles collections. Tableaux de maîtres, meubles, statues,
tapisseries, bibliothèque, — la première bibliothèque
ouverte en France aux savants et aux beaux esprits,
— tout en avait été la proie. Les biens ayant été confisqués en février 1649, restaient les livres. Le furieux
arrêt de proscription du 29 décembre 1651, par lequel
le parlement avait mis à prix la tête du ministre, pro-
mettait au meurtrier une récompense de cinquante mille
écus à prélever sur la vente de cette bibliothèque,
« qu'on ne saurait pas rassembler, en cinquante ans,
avec un million d'or ». Le seul local en avait coûté
cent mille écus. L'acharnement des frondeurs contre
cette fondation d'utilité publique révolta Gui Patin
lui-même, indigné de « cette dissolution et destruc-

---

1. Paulin à Mazarin, 11 décembre 1652. — Affaires étrangères, *France*,
t. DCCCLXXXVI, pièce 91, fol. 196.

tion ». C'était moins une vente qu'un pillage, et ce ne fut point la canaille qui commit ces actes de vandalisme. « Vous y voyez, écrivait-on à Mazarin, des personnes qui se servent de leur autorité pour prendre des livres de prix dont ils emplissent leurs carrosses, et font mettre, dans des paquets de nulle valeur, des livres de prix qui s'adjugent pour rien (1). » Un des plus beaux ornements de ces incomparables galeries était une réunion d'antiques, souvenir de Rome cher au prélat italien. Elles avaient passé chez un particulier. Nicolas Foucquet, le futur surintendant, s'était employé en vain à sauver la bibliothèque. Nous allons voir le P. Paulin unir ses efforts à ceux de la reine et du roi pour faire recouvrer au cardinal antiques et livres. Il continue ainsi sa lettre du 11 décembre :

J'ay donné aduis à S. M. pour acheuer de conduire les 12 bustes des Caesars où elle commendera. On en a retiré de la maison du sieur Lambert six ou enuiron ; il y en a encore 6 autres à 3 lieues de Paris, à sa maison des champs ; il faut qu'il les rende et qu'il en tombe des despens. Ie luy avois donné aduis d'ami 8 iours après nostre retour dans Paris, affin qu'il préueint le Roy à qui ces ouvrages appartenoient ; il en fit la sourde oreille. Il fault le mettre à bout par vne obéissance contrainte. La Reyne y est resoluë ; *Le Roy y est ardent.*

---

1. Chéruel, *Ministère de Mazarin*, t. I, p. 102.

Dans ces merveilles des arts entassées au palais de
la rue des Petits-Champs (aujourd'hui la Bibliothèque
nationale) , Mazarin pouvait se vanter d'offrir aux
artistes français une exposition de modèles (1); il cédait
à un autre goût, moins libéral et plus égoïste, lorsqu'il
se fabriquait des ancêtres et se piquait d'une généalogie. Un Jésuite sicilien, le P. Diaceto, faisait pour lui
ces recherches ; mais Diaceto avait été exilé, et le
général Piccolomini s'était montré peu soucieux de
mettre son subordonné à la disposition du cardinal (2).
Le bailli de Valençay n'était pas scrupuleux ; il sur-
prit la bonne foi du général Nickel pour satisfaire la
vaniteuse fantaisie du ministre (3). Un « avis » de
nature à « agréer fort », des choses qui devaient être
« très agréables », que Paulin transmettait au nom de
son correspondant romain dans sa lettre du 4 décembre, commencent à s'éclaircir :

LE P. Duneau m'écrit de Rome du 18 de novembre en
ces termes : « J'attends que S. E. soit de retour pour
lui enuoier des pièces que i'ay recouurées très importantes
pour la *généalogie de sa maison*. Elles sont iustificatives et
certaines. »

1. Cf. *Le Palais Mazarin*, par le comte de Laborde, 1846.

2. Piccolomini à Mazarin, 31 déc. 1650.

3. Valençay à Mazarin, 21 avril 1653 : « J'ay faict donner permission
au Père Giacomo Diaceto d'aller en France avec destours, *crainte que le
général n'entrast en deffiance.* » Affaires étrangères, *Rome*, t. CXXII,
fol. 111.

Nous auons au Collège le sieur Alphonse de Mancini qui est vn excellent naturel (1).

V. E. treuuera icy à son retour quelques petites mésintelligences entre ses seruiteurs. Sa présence que nous espérons bientost auec vn grand succez des armes de S. M., dissipera tout et réunira tout.

Ie suis ce que ie seray à iamais,

Monseig^r,

Vostre très déuoué seruiteur,

CH. PAULIN (2).

C'est au parlement que la Fronde était née ; elle y était revenue mourir. Le lit de justice du 22 octobre 1652 avait sonné son agonie. Cependant on assistait encore parfois comme à des soubresauts désespérés. Un grand corps politique ne renonce pas facilement à la vie. Le P. Paulin appréciait sagement cette situation au début de la lettre suivante.

De Paris, ce 13 de 10bre [1652].

Monseigneur,

... Sa Maiesté a parlé comme il fault au sieur Boulanger, conseiller aux Requestes, qui auoit esté très insolent dans sa Chambre. Nos amis dudit corps m'asseurent de deux choses :

---

1. Mort le 6 janvier 1656. Rapin, *Mémoires*, t. III, p. 17.

2. Paulin à Mazarin, 11 décembre 1652. — Affaires étrangères, *France*, t. DCCCLXXXVI, pièce 91, fol. 196.

La 1ʳᵉ, que les insolents ne sont pas bien morts ;

La 2ᵉ, que si l'authorité Royalle appuie d'vne bonne façon les bien-intentionnez, le Roy sera le Maistre sans réserue.

Quelques séditieux ont esté chez le sieur Lamber pour l'empescher de rendre le reste des bustes de V. E. ; mais comme il a esté abouché du P. Lamber de nostre Compagnie, mon ancien escholier et très bon ami, il a réparé et réparera la faulte qu'il a faite en les achetans. Les mutins n'y gaigneront rien (1).

La Reyne a parlé comme il fault au P. Annat, Prouincial nommé depuis peu dans cette Prouince. Ie croi qu'elle luy enuerra au 1ᵉʳ iour M. le Tellier, qui luy déclarera en détail ses volontez. I'ai fait veoir à sa Maiesté comme vn Lorrain que nous auons icy s'est très mal comporté contre V. E. Le P. de Lingendes, Prouincial, et le P. Charles Lallemant, Supérieur, luy ont laissé la liberté d'agir (2). Sadite Maiesté a bien du sentiment de cela ; mais il ne portera pas ce péché-là en terre. Il

---

1. Les réclamations de Paulin aboutirent ; on retrouve ces antiques ainsi décrites dans le dernier état des collections reconstituées : « Douze testes de porphire, les douze Césars, avec leurs bustes d'albastre oriental de diverses couleurs, posées sur des pieds d'estaux aussy de diverses couleurs, blanc et noir, bresche et affricain. Estimé : 5040 livres. » (*Inventaire de tous les meubles du cardinal Mazarin, dressé en 1653, et publié d'après les archives de Condé* [par Mgr le duc d'Aumale]. Londres, 1861, p. 371.)

2. Puisque les Parisiens avaient trouvé bon de recevoir comme alliés, dans leurs murs, des soldats lorrains et espagnols, ils devaient accepter la présence d'aumôniers étrangers. La dépêche de Valençay à Brienne, du 20 mai 1652, était déjà l'écho de plaintes venues de la cour à ce sujet. Il est question d'un « Iésuite flamand qui a resté receu et logé à Paris, dans la maison de Sainct-Louis, lorsque les troupes de l'Archiduc, enuoyées au secours des Princes contre le Roy, y sont passées, dont ce Religieux estoit l'un des confesseurs. » Mais pourquoi les princes traînaient-ils à leur suite les écharpes rouges d'Espagne ?

fault, Monseig^r, que le Supérieur de Nostre maison Professe soit au Roy. I'ay écrit de tout à Nostre Père Général.

De V. E. que DIEU protégera et conseruera au bien de la France, si luy plaist,

le très h., très obéiss. et très dévoué seruiteur,

CH. PAULIN (1).

Un de ces malintentionnés de la veille et des « bien-intentionnez » du lendemain, que le correspondant de Mazarin croyait à propos de soutenir, fut le président de Nesmond.

De Paris, ce 17 de décembre [1652].

Monseigneur,

... (La Reyne) a donné pareillement audiance particulière par mon entremise au Président de Nesmond, qui se iustifie de tout le passé et s'engage pour l'auenir iusques à mettre sa charge entre les mains de sa Maiesté. Il dit qu'il n'a iamais signé auec l'Espagnol comme 3 autres de sa Compagnie, et qu'il n'a iamais soustenu le Iansénisme, si contraire à la Religion et à l'Estat. Il veult estre à V. E. entièrement. Il fault touiours prendre, Monseigneur, et pousser plus auant. La Reyne suit cette bonne et sage politique. Seruons-nous de tout.

... *Le Roy a très bien et fièrement fait et repliqué à Messieurs du Parlement qui demandoient le retour de leurs frères.* Ie veoi tout le bon monde louer haultement la constance et fermeté du Conseil.

---

1. Affaires étrangères, *France* t. DCC CLXXXVI, pièce 99, fol. 215.

Les statues et les bustes viendront les uns après les autres. Leurs Maiestez n'i oublient rien, ni les seruiteurs de V. E. Il faut aller de plus aux liures ; nous en découurirons, s'il plait à DIEU, de bonnes caches. Il fault que les marauds et frippons de coquins rendent gorge. V. E. me pardonne tout cecy, et il est excusable. Ils ont voulu perdre l'Estat en ostant de l'Estat l'âme de l'Estat.

Comme V. E. veoit tout, elle iuge mieux de la nécessité de sa présence, où elle est, que nous. DIEU la veille conduire bien tost auprès de Leurs Maiestez en bonne santé auec ce qui la touche de plus près.

Le P. Duneau qui est à Rome me fait scauoir du 25 de novembre que toute la parenté de V. E. se porte très bien graces à DIEU, et qu'elle prent en bonne part l'honneur que ie me donne de leur faire scauoir les inclinations de Leurs Majestéz pour V. E.

Ie suis,

Monseigneur,

Vostre très obligé, très déuoué et très fidèle seruiteur,

CH. PAULIN (1).

Derrière les magistrats réclamant le rappel des conseillers exilés, ainsi que derrière les autres agitateurs, restait un personnage qui fut l'âme de la Fronde, comme Mazarin était, suivant la parole de Paulin, « l'âme de l'État. » Le cardinal de Retz, a dit Bossuet, avait « un caractère si haut qu'on ne pouvoit ni

1. *Ibid.*, pièce 104, fol. 224.

l'estimer, ni le craindre, ni l'aimer, ni le haïr à demi...
il remua tout par de secrets et puissants ressorts, et,
après que tous les partis furent abattus, il sembla
encore se soutenir seul, et seul encore menacer le favori
victorieux de ses tristes et intrépides regards (1). »
Mazarin, qui poursuivait Condé à la frontière de Champagne dans ses derniers retranchements, aurait voulu
éloigner Retz de Paris sans avoir recours aux mesures
violentes. Il lui fit proposer une retraite honorable où
il pouvait servir le roi sans faire de cabales ni troubler le repos public : c'était le poste d'ambassadeur à
Rome. Retz refusa ; il exigeait des faveurs pour lui
et pour ses amis. Mazarin détermina la cour à l'arrêter.

Le P. Paulin va nous raconter cette scène.

Les historiens se sont demandé les véritables motifs
de la conduite du cardinal-ministre envers son rival
vaincu. N'y a-t-il au fond de ces poursuites que la
raison d'État ? S'y cache-t-il une vengeance privée ?
L'habile et brillant auteur · de *Nicolas Foucquet*,
M. Lair, a tenté de résoudre le problème. Il n'a voulu
y voir, contrairement à toutes les données reçues, ni
une jalousie d'ambitieux, ni une jalousie de prince de
l'Église (2). Se jetant en plein milieu contemporain, il
a jugé les personnages, non d'après leurs *Mémoires*,

---

1. *Oraison funèbre de Michel Le Tellier.*
2. *Nicolas Foucquet*, par J. Lair, t. I, p. 159.

mais d'après leurs actes. Malgré le charme de son style et la mise en scène de ses tableaux, nous n'osons nous ranger à son opinion personnelle. Nous pensons que Mazarin faisait une bravade en se disant assez fort pour se rendre dans la capitale sans être débarrassé de son puissant adversaire (1). Le pouvoir occulte de Retz et la présence du ministre à Paris étaient choses incompatibles.

Mazarin, occupé en apparence à faire le « Mars » contre le grand Condé, régla de Bar-le-Duc les précautions à prendre une fois la capture opérée ; les premiers préparatifs furent dirigés sur la place par Basile Foucquet.

S'emparer du Coadjuteur était peu aisé. Il avait transformé l'archevêché en forteresse. L'ordre de l'appréhender « mort ou vif » fut donné. On comptait l'enlever près de l'Arsenal, quand l'imprudent vint de lui-même se présenter au Louvre. C'était se remettre entre les mains de la justice.

Louis XIV averti montra alors cette présence d'esprit et cette résolution dont Nicolas Foucquet, dix ans plus tard, sera la victime au château de Nantes. « Il faut faire le roi, » dit-il sans tourner la tête. Les gardes appelés, on introduisit le cardinal. Le coup de théâtre éclata.

Le P. Paulin nous a laissé un vivant récit de cette

1. *Lettres de Mazarin*, édit. Chéruel, t. V, p. 515.

matinée du 19 décembre 1652 à la cour de France. C'est dans cette lettre d'un témoin et dans le rapport de Basile Foucquet, que les historiens vont puiser.

Ce iour de Noel [25 déc. 1652.]

Monseigneur,

C'est auec ioye que la présente est donnée à Monsieur de l'Estrade (1) que ie reconnois homme de bien, d'honneur et de haulte réputation icy parmi tous les plus sages de l'Estat. V. E. peut respondre de sa fidélité. Ie répute à bon heur pour moi de l'auoir pour ami. Ie ne doubte point qu'il ne porte à V. E. beaucoup de particularitez d'icy touchant la détention de M. le Cardinal de Retz. I'estois présent lors que le Roy en donna le commendement, en présence mesme dudit seigneur Cardinal, ce que S. M. conduisit auec tant de sagesse, qu'il est très malaisé de le dire. Seulement auanceray-ie ce mot qu'il n'i a iamais eu politique plus raffiné qui l'eust pu si bien faire. I'estois auprès du dit seigneur Cardinal, ie luy faisois admirer la bonté du Roy (2) et sa grandeur, ie me coniouissois de plus de ce qu'il faisoit si bien sa Cour. Le Roy s'approcha de tous deux et nous parla de comédie

1. Godefroy, comte, puis maréchal d'Estrades (1675), ambassadeur en Hollande et en Angleterre, était alors gouverneur de Dunkerque. Il se rendit auprès de Mazarin, qui écrivait quelques jours après (3 janvier 1653) à Fabert : « Je seray ravy de vous pouvoir entretenir encore deux heures avant que de m'en retourner à la Cour, et je suis asseuré que M. d'Estrades, *qui est avec moy*, n'en auroit pas aussy peu de joye. » *Lettres de Mazarin*, édit. Chéruel, t. V, p. 522. Les *Lettres et Mémoires du comte d'Estrades* ont été publiés en 9 vol. in-12, Londres, 1743.

2. Chéruel a mis par erreur : « la *beauté* du roi. » *Ministère de Mazar.n*, t. I, p. 383.

qu'il auoit en teste, en parla tout hault à M. de Villequiers,
puis comme en riant s'aprocha de son oreille (ce fust le moment de son commendement), s'en retira tout aussi tost, et
comme si l'eust entretenu de comédie, « surtout, luy dit-il
tout hault, qu'il n'i ait personne sur le théatre. » Cela dit, ie
prié le Roy d'aller à la Messe, qu'il estoit midi. Il y alla de
ce pas. Sur le milieu de la Messe, Monsieur de Villequiers
luy veint rendre compte de l'exécution tout bas à l'oreille, et
comme i'estois seul ce iour-là auprès du Roy, il se tourna
vers moy et me dit (1) : « C'est que i'arreste icy le Cardinal
de Retz. » Ie croiois que le Roy auoit peur de le faire trop
attendre sans luy parler. Ie repartis : « Sire, V. M. n'a qu'à
attendre le reste de la Messe, Monsieur le Cardinal de Retz
patientera bien. — Ce n'est pas cela, » me dit le Roy. Ie fus
bien surpris, ô DIEU, que ie fus surpris ! Ie dis au Roy :
« Sans doute, il ne s'i attendoit pas. »

Que dit V. E. de cette sagesse ?

*La Reyne est très satisfaite du Roy. Et le Roy est tel qu'il
doibt estre pour la Reyne sa mère. Elle règnera heureusement,
s'il plaist à Dieu, auec son fils. Cette vigueur du fils estonne et
surprend tout le monde. Il se conserue pour V. E.; il prie tous
les iours Dieu pour elle, et au lit et à son oratoire et à la Messe ;
cela est réglé. C'est auiourd'hui qu'il m'a dit que iamais il ne
s'en dediroit et qu'il aimeroit sans fin la Reyne et S. E. Il a
communié à la Messe de minuit auec beaucoup de déuotion et de*

---

1. Seul le confesseur du roi pouvait lui adresser la parole pendant la
messe, et seulement pour les choses de conscience. Cette coutume avait
été établie par Philippe le Long (1318). Cf. Grégoire, *Histoire des Confesseurs*, p. 131. Nous avons déjà vu Louis XIV parler au P. Paulin « à
la messe » et « sur la fin de la messe ». Paulin à Mazarin, 14 oct. et
17 nov. 1652.

sentiment de Dieu. Sans doubte Dieu conduit le Roy par des voies singulières (1).

La Reyne a quelque apréhension de l'esprit de Monsieur l'Archeuesque d'Ambrun (2) qui est icy. Mais il aura en teste l'Archeuesque de Bourdeaux (3) qui ne le craint guère, et que ie veoi très résolu de seruir le Roy et V. E.; il a bien comencé, il faut qu'il achèue. L'Archeuesque de Rouen (4) ne manquera pas non plus à la foy donnée.

Le Cardinal de Grimaldi (5) a voulu étonner la Reyne sur la détention du Cardinal de Retz. Mais elle s'en est très bien défaite ; et comme i'ay dit à S. M.: « Le Pape a-t-il quelque droict sur le temporel des Roys (6) ? Quoy donc ! vn Cardinal brouillon pourra perdre vn Estat avec impunité ? Le Pape, estant en France, ne s'en défendroit pas luy-mesme. » I'asseure V. E. que tout est icy bien calme, et que le peuple de Paris est très consolé de la prison de son Coadiuteur, qui a esté trop et trop indomptable aux grandes offres et bienfaits de S. M.

Ie suis tousiours dans les éternels sentiments des obligations que i'ay à V. E. Le Roy et la Reyne me permettent

1. Cf *Gazette*, p. 1200, le récit des dévotions du roi en décembre.

2. Georges d'Aubusson de la Feuillade, sacré archevêque d'Embrun, le 11 sept. 1640, transféré à Metz en 1668, mort le 12 mai 1697.

3. Henri de Béthune, évêque de Maillezais en 1630, transféré à l'archevêché de Bordeaux en 1646, contribua à pacifier cette ville pendant les troubles de la Fronde. Il mourut en 1680.

4. Harlay de Chanvallon, le futur archevêque de Paris.

5. Jacques Grimaldi, ancien nonce en France, cardinal en 1643, nommé à l'archevêché d'Aix en 1648, mort en 1685.

6. On voit que Louis XIV a pu tenir de bonne heure, et de la reine et de son entourage le plus religieux, ses préventions en faveur des doctrines gallicanes.

d'estre auprès de leurs Maiestez auec des bontés inouies ; ie
scay à qui i'en ai l'obligation première. C'est à V. E. de qui
ie suis,

Monseigneur,

Très déuoué serviteur.

CH. PAULIN (1).

Retz conduit au donjon de Vincennes, la tragi-comédie de quatre ans, dont il était le premier acteur,

---

1. Affaires étrangères, *France*, t. DCCCLXXXVI, pièce 137, folio 310.
Imprimée dans les *Lettres, Instructions et Mémoires de Colbert*, t. I,
p. 493. A raison de l'importance de cette lettre, nous en reproduisons le
post-scriptum concernant le Conseil de conscience. « La nouvelle de la
mort de l'éuesque de Laon (Filibert de Brichanteau) vient d'arriuer. Il
auoit, ce que V. E. sçait mieux que moy, vne abbaye de quelq. quinze
mille liures appelée Saint-Vincent. Il est vray qu'elle a vne pension de
3.000 liures.

« Monsieur l'archeuesque de Bourdeaux la poursuit viuement. Il est
vray qu'il sert bien et qu'il est ruiné. Ie n'ay pas laissé de luy dire les
engagemens du Roy pour Mr le maréchal d'Auquincour.

» Monsieur Catinat (Georges III), abbé de Saint-Iulien dans Tours,
est dans vne hydropisie formée et *responsum accepit mortis*. Son abbaye
est de 5.000 liures enuiron.

» L'éuesque de Glandêues, le P. Faure, va viuement à l'éuesché de
Montpellier. Il n'est pas content de celui de Glandêues, qui est de douze
mille liures, où iamais il n'a voulu aller. Vn pauvre Cordelier n'est pas
content d'estre Éuesque auec douze mille liures de rente ! Il croit estre
cause de la réduction de Paris à l'obéissance du Roy. DIEU le sauue,
si luy plaist ! l'aduoue à V. E. que mon esprit n'est pas du costé de
ambitieux, et ne croi pas que DIEU soit pour le P. Faure du costé de
Montpellier, qui demande vn homme de haute vertu et d'vne sage et
forte conduite. La naissance possible y feroit beaucoup. Si on le
donnoit à Monsieur l'Éuesque du Puis (H. de Maupas) ; ce n'est pas
de mon chef que i'en fais la proposition. » — Le P. Faure ne fut
pas transféré à Montpellier, mais à Amiens. *Gazette*, 1653, p. 349.

touchait à son dénouement mérité. Ce chimérique ambitieux, qui avait pensé braver éternellement Ciel et terre, était disparu de la scène dans un coup de foudre.

Mazarin avait le champ libre. Mais, soit qu'il affectât de ne pas être pressé de triompher, soit qu'il voulût réduire Condé au simple rôle de général à la solde de l'Espagne, il tenait toujours la campagne, malgré un rude hiver, contre le prince noblement obstiné à ne point quitter la terre de France. Le P. Paulin avait-il compris les intentions du belliqueux cardinal ? Il laisse enfin de côté la question du retour :

Ce 5 [janvier] de 1653.

Monseigneur,

Le Roy est tousiours le commencement de nos prières et du commerce que V. E. me permet. Il est en très bonne santé selon Dieu et selon les hommes, tousiours présent à luy, et à tout ce qui se passe chez luy, quoy que souuentes fois cela ne paroisse pas beaucoup.

Son esprit ne laisse pas d'agir auec autant de prudence et de discrétion que s'il auoit vescu dans les affaires 35 ans. Dieu qui nous l'a donné nous le conserue.

Il ne s'oublie de quoy que ce soit qu'il puisse faire pour V. E.

Il ne paroist rien non plus dans la Cour qui ne conspire au bien de V. E. Quelque petite division qu'il y ait dans les sentiments des uns et des autres, ma connoissance

est que le tout se réunit au bien et au respect que l'on doibt
à V. E.

Elle a sceu la mort du pauure surintendant (1) qui s'estoit
confessé et communié le iour deuant son décez à la bonne
heure. Il n'a pas laissé de partir de cette vie plus tost qu'il ne
pensoit. *Et vos estote parati...*

Monsieur le duc d'Anuille est touiours tel auprès du Roy
qu'on le peut souhaiter. Comme aussi Monsieur le Grand
Maistre (2). Et ie seray toute ma vie auec des reconnoissances
éternelles de V. E.,

        Monsei^r,

              Votre très h., très obéiss. et

                   très déuoué seruiteur.

                           CH. PAULIN (3).

Quelques jours après (12 janvier), le confesseur du roi
n'entretient le cardinal que du Conseil de conscience.
Vers la fin seulement il revient aux menées de l'opposition renaissante :

Il y a encore six ou sept dans le parlement bien mutins
qui ont besoin d'vn bon aduis d'écart. *Le Roy est fort et résolu à tout, et sur tout à touiours faire estat de V. E. comme du*

---

1. Charles, duc de la Vieuville, surintendant des finances en 1623 et de
nouveau en 1651, mort subitement le 2 janvier. Le P. Paulin avait l'occasion d'exercer à la cour son ministère ecclésiastique. Le 4 janvier, le
médecin Vallot écrit à Mazarin qu'il a « envoyé quérir le P. Paulin pour
résoudre un malade à faire ses dévotions. » Affaires étrangères, *France*,
t. DCCCXCII, pièce 26.

2. Le maréchal de la Meilleraye, grand-maître de l'artillerie.

3. Affaires étrangères, *France*, t. DCCCXCII, pièce 29, fol. 59.

plus fidèle et du plus éleué de tous ses seruiteurs. Ie suis
de V. E.,

       Monseigneur,

            le déuoué

                  Charles PAULIN (1).

Ainsi les mécontents faisaient encore mine de s'agi-
ter dans cette cour souveraine réduite par Louis XIV
à ses fonctions judiciaires. Le clergé de Paris ouvrait,
en faveur de son cardinal emprisonné, cette série plus
inquiétante de protestations qui, sous le nom de
Fronde ecclésiastique, fut la queue de la Fronde politique.

Aussi Mazarin se défiait encore des Parisiens et
semblait craindre de les revoir. Sur la fin de janvier,
il paraît avoir consulté définitivement là-dessus le
P. Paulin, qui lui répondit par ce billet dans le ton
du moment. Les acclamations du triomphe commen-
çaient :

                        [Sans date.]

       Monseigneur,

Ce petit mot à part est vn résultat de toutes lumières que
i'ay pu prendre touchant le retour de V. E. dans Paris, que ie
soubmets à celles qu'elle vouldra préférer, l'asseurant de telle
mienne fidélité et soubmission à son seruice, que ie m'esti-
meray heureux quand, par ma destruction totale, ie pourray
contribuer d'vn seul poinct à son éléuation.

---

1. Affaires étrangères, *France*, t. DCCCXCII, pièce 45, fol. 108.

Si V. E. rentre dans Paris en plein iour, auec son escorte
ordinaire et celle de ses amis, elle y sera receue autant bien
qu'un Ange du Ciel. Le peuple espère d'elle tout bien, toute
bonne fortune, son salut. *Benedictus qui venit in nomine Do-*
mini N. Regis.

Ie suis le dernier de tous les hommes et de V. E.,

   Monseigneur,

                    Le plus déuoué et obligé seruiteur.

                         CH. PAULIN (1).

Où ce billet pressant rencontra-t-il Mazarin ? Le
30 janvier, après avoir mis l'armée en quartier d'hiver,
le cardinal se trouvait à Laon et faisait « estat d'estre
dans quatre jours à Paris (2) ». En passant à Soissons,
il fut traité superbement par le maréchal d'Estrées ;
mais déjà il n'avait plus qu'à se défendre des honneurs
qui venaient l'assaillir. La plupart des courtisans l'attendaient à quinze ou vingt lieues de la capitale. Le
roi lui-même s'avança jusqu'à trois lieues au-devant de
Son Éminence. « Encor qu'il fît un temps étrange, —
temps de vent, de pluye et de fange, — lundy matin,
Sa Majesté, — leste, brave et bien ajusté, — fut, en
assez belle ordonnance, — vers le Mênil-Madame-
Rance, — pour recevoir le cardinal — qui venoit du

---

1. Affaires étrangères, *France*, t. DCCCXCII, pièce 76, fol. 176. Imprimée dans les *Lettres, Mémoires, etc., de Colbert*, t. I., p. 495.

2. *Lettres de Mazarin*, édit. Chéruel, t. V, p. 565.

païs d'aval, — auquel il fit grandes caresses — et témoigna bien des tendresses (1). » Ce 3 février 1653, à deux heures (le *plein jour* conseillé par Paulin), l'homme dont la tête avait été mise à prix cinquante mille écus, rentrait à Paris dans le carrosse de Louis XIV. « En France, tout arrive, » disait La Rochefoucauld longtemps avant Talleyrand.

Le ministre, plus enraciné dans le pouvoir que si les orages de la Fronde ne l'eussent jamais ébranlé, s'appliqua aussitôt à consolider le gouvernement. Se concilier la bourgeoisie et gagner le parlement, éteindre les dernières étincelles de la révolte aux foyers les plus éloignés, réparer les pertes militaires que la guerre civile nous avait coûtées, maintenir la paix de Westphalie et imposer celle des Pyrénées, tel fut son programme, poursuivi huit ans encore avec la ténacité de Richelieu.

1. Loret, *Muze historique*, 8 février 1653.

Chapitre Douzième.

Mort du P. Paulin.

L E P. Paulin, qui avait servi durant les jours mauvais le jeune roi et le cardinal, ne devait entrevoir que les premiers rayons de l'aube resplendissante, présage du grand règne (1). Les voyages de province en province, à la suite de la cour, avaient épuisé ses forces avant l'âge. Le 12 mars, il tombait malade pour ne plus se rétablir. « Son mal, d'après une naïve lettre circulaire (2), commença par une fiebure continue, qui se relâcha en tierce et double tierce, et puis, retournant en continue, dégénéra en hydropisie... Dieu sembloit luy avoir donné quelque pressentiment de sa mort dès le commancement ; car, quoy qu'il ne parût encore aucun

---

1. D'après l'*Inventaire des Archives des Affaires étrangères, Mémoires et Documents, France*, le tome 892 (ancien 150) contiendrait des documents sur une « mission du P. Paulin à Bruxelles ». Les pièces qui se rapportent à cette négociation ont été examinées par nous Elles lui sont faussement attribuées. Outre que l'écriture n'est point la sienne, leur date, peu conciliable avec la maladie qui arrêta le P. Paulin, l'est encore moins avec sa présence à Paris le 14 février, fait établi par la date d'une lettre de lui à Goswin Nickel. Or deux des lettres qu'il aurait écrites de Bruxelles sont datées des 10 et 16 février.

2. *Recueil Ribeyrete, ms., loc. cit.* L'auteur de cette lettre de décès paraît être le P. Alain de Launay.

danger, il donnoit ordre à diverses affaires qu'il ma-
nioit. »

Quelques semaines après, le P. provincial François
Annat, qui se faisait encore des illusions, informait
ainsi le Père général de l'état du confesseur du roi :

4 avril 1653.

La maladie du P. Paulin traîne en longueur, et quoique les
médecins la jugent sans danger, le Père a des craintes. Par le
médecin du roi, qui le visite chaque jour, il a fait prévenir
l'Éminentissime Cardinal Mazarin de songer à un remplaçant pour recevoir à Pâques la confession du roi ; il lui a
indiqué le Recteur du Noviciat (1), et il ne pouvait en indi-
quer un plus digne. Celui-ci sera-t-il agréé ? C'est douteux.
Le Cardinal, en effet, bien qu'ayant donné de bonnes paroles
n'a rien promis.

En attendant, les marques de la bienveillance du roi envers
le malade ne font pas défaut ; elles abondent même. Outre
les soins assidus du médecin, on envoie fréquemment de la
Cour prendre des nouvelles de sa santé, et souvent avec de
petits présents. Monsieur, frère du roi, lui a naguère envoyé
des oranges de Portugal (2).

Mais Paulin se sentait atteint sans remède. Dans
une dernière lettre, il fit ses adieux à Mazarin. Ce fut
comme son testament. L'original autographe a été

1. Le P. Jacques Renault.
2. Annat à Goswin Nickel, 4 avril 1653.

conservé par le cardinal dans le recueil de sa correspondance. Nous ne l'y avons point considéré sans
quelque émotion. Les caractères de l'écriture, si nets
et si fermes d'ordinaire, en sont plus grêles et tout
tremblés de fièvre. C'est bien une main défaillante qui
a tracé ces lignes, suprême et sincère expression d'une
conscience prête à paraître devant DIEU.

Monseigneur,

Comme i'ay vescu, ie meurs tout vostre. Ie prens la liberté
de recommender notre Compaignie à Vostre Éminence, qui ne
luy manquera iamais de fidélité ni de respect.

Si elle désire mettre en ma place mon compagnon (1), elle
rencontrera en sa personne la suffisance, la probité et une
fidélité sans exemple.

Le Roy croist en sagesse et en dissimulation. Vostre Eminence permettra à son fidèle seruiteur mourant de luy dire
qu'elle ne doibt approcher de Sa Majesté que ses créatures
asseurées.

1. M. Pierre Clément, le savant éditeur des *Lettres de Colbert*, s'est
mépris en voyant dans ce « compagnon » le P. Annat. Celui-ci était
alors provincial de France. Mais, les *Catalogues* de cette période ne
subsistant plus, il n'est pas facile de savoir qui est ici désigné. Nous
proposons le nom du P. Charles Le Cointe, recteur de Blois. L'évêque de
Coutances, Auvry, écrivant à Mazarin cinq mois plus tard (4 septembrè
1653), le mentionne comme « *vn des deux* que fœu le P. Paulin auoit
recommandés pour estre successeur à la charge de confesseur du Roy. »
Affaires étrangères, *France*, t. DCCCXCII, pièce 154, fol. 314. — Le
premier était, nous le savons, le P. Jacques Renault.

Messieurs les Euesques de Rhodez (1) et de Glandéues (2) seront mieux à leurs éueschés qu'à la Cour.

Ceux de Coutances (3) et d'Auranches (4) sont à vous et très prouués. M. l'Abbé d'Aisné (5) n'a aucune qualité pour Lion. La politique chrestienne et mondaine sont contraires à cet établissement (6).

DIEU vous fasse prospérer ; c'est le vœu de celui qui est iusques

> à la fin, Monseigneur,
>
> Le très déuoué et très fidelle
>
> seruiteur
>
> CH. PAULIN.

Le 5 de ma fiebrue (7).

---

1. Hardouin de Beaumont de Péréfixe.

2. Le P. François Faure, transféré à Amiens le 7 mars, et qui n'avait pris possession que par procureur de son évêché de Glandèves (1651-1653). M. Clément a cru voir ici, mais à tort selon nous, le P. Ithier, successeur du P. Faure, en 1653, au siège de Glandèves.

3. Claude Auvry.

4. Gabriel Boylesve.

5. Camille de Neuville de Villeroi, Abbé d'Ainay, frère du gouverneur de Louis XIV, le maréchal de Villeroi.

6. Il fut néanmoins nommé archevêque par le roi. Déjà lieutenant général de la ville de Lyon, il cumula cette charge avec ses nouvelles fonctions épiscopales. Le *Gallia christiana* fait de lui ce singulier éloge, qui explique la réflexion du P. Paulin : *Sic igitur tum in spiritualibus, tum in temporalibus Lugdunensium rebus præfectus, sicut postremis non defuit, sic et priores non neglexit, utriusque dignitatis munia exercens, et ubique gerens insignia.— Pro Regni utilitate nihil non tentavit, cives in officio semper retinuit, Regis mandatis obesire coegit, seditiones imo et quoslibet motus coercuit.* Il mourut cependant, le 3 juin 1693, pendant une émeute populaire occasionnée par la cherté des vivres. Cf. *Recueil de Documents sur l'ancien gouvernement de Lyon*, 1854, in-fol, p. 172.

7. Affaires étrangères, *France*, t. DCCCXCII, pièce 104, fol. 223. Imprimée d'une manière inexacte dans les *Lettres de Colbert*, t. I, p. 495.

Ceci était écrit après le 3 avril. Le 11, Annat s'a-
larmait : « La maladie du P. Paulin s'aggrave. Nous
·lui avons donné hier le Viatique sur ses instances pour
le recevoir...Qui sera le remplaçant, nous ne le savons,
et quoique le Cardinal ait dit qu'il ne devra pas être
pris hors de la Compagnie, cependant personne n'a
encore été averti, bien que demain le Roi très chrétien
doive être préparé au devoir pascal (1). »

Le 12, samedi saint, le P. Paulin rendait l'âme. Le
récit de sa maladie et de sa mort édifiante nous a été
transmis par le P. Alain de Launay, Le confesseur du
roi ne se préoccupait plus depuis longtemps que de
l'unique nécessaire ; il se sanctifiait « tant par la pratique des vertus, et particulièrement d'une patience
très exemplaire et d'une douce conformité à la volonté
de Dieu, que par l'usage des sacrements de Pénitence
et d'Eucharistie, qu'il receut souuent durant sa maladie. La dernière semaine de sa vie luy a esté vrayment
vne *semaine sainte*. Il gaigna le Jubilé et receut le
Viatique le jeudi S^t auec grande déuotion, protestant
hautement qu'il auoit grand ioie que Dieu fît de lui sa
S^{cte} volonté et qu'il mouroit content, voyant l'union de
notre Compagnie et en général et entre les particuliers.
Le vendredi, il auertit luy-mesme qu'il commençoit
son agonie, laquelle il unissoit à celle de Jesus-Christ,

1. Annat à Goswin Nickel, 11 avril 1653.

qui mourut ce mesme jour pour notre salut. Il demanda le soir les dernières prières de la recommandation de l'âme, gaigna l'indulgence plénière, et, ayant passé la nuict en bons sentiments de déuotion, expira doucement le samedy à cinq heures et demie du matin.

« Il estoit sur la soixantiesme année de son aage et la quarante-troisiesme de son entrée en la Compagnie, en laquelle il a passé par toute sorte d'employ auec satisfaction.

« L'on fit sur le soir ses obsèques, à cause de la solennité de la feste du lendemain. Plusieurs éuesques, maréchaux de France, secrétaires d'Estat et officiers de la maison du Roy y assistèrent, qui tesmoignoient participer au ressentiment que nous avons eu de cette perte. L'on a faict pour luy vn seruice fort solennel à S^{cte}-Croix, où nos Pères ont esté invités et y ont assisté avec consolation. »

La cour, où le P. Paulin rencontrait une sympathie générale, s'était, nous l'avons lu, intéressée à ses souffrances. La reine-mère et les principaux ministres demandaient souvent de ses nouvelles. Celui qui s'était montré le plus sensible à l'état du religieux était le roi, qui n'avait laissé passer aucun jour sans le faire traiter par Vallot, son premier médecin, aidé de Bontemps, son premier valet de chambre. Lorsque, malgré des traitements et des soins dignes de cette « bonté toute royale », Louis XIV se vit ravir son confesseur, il donna « vingt pistolles pour faire prier pour le repos de son âme (1). »

Le soir du jour où Paulin était mort, « le secrétaire d'Etat, Le Tellier, vint trouver le P. Annat et le pria, dans l'incertitude du futur successeur en titre, d'envoyer le P. Jean Bagot pour entendre le lendemain (2), fête de Pâques, la confession du roi, ce qui arriva (3). »

Une affection comme celle de Louis XIV envers le P. Paulin suppose une influence morale non subie, mais acceptée et aimée. De quelle efficacité fut cette influence ? à quelles profondeurs avait-elle pénétré dans l'âme ? quelles traces durables laissait-elle dans l'esprit et le caractère du souverain de bientôt quinze ans ? Grave question que nous allons essayer de résoudre.

---

1. La *Gazette* du 19 avril consacra ce court article à la mémoire du défunt : « Le 12 de ce mois, le P. Paulin, de la Compagnie de JÉSUS, Confesseur du Roy, après vne fièvre d'vn mois suivie d'vne hydropisie, mourut dans la Maison professe des Iésuites, fort regretté pour ses bonnes qualitez, particulièrement de Sa Majesté, qui lui a fait l'honneur de l'envoyer souvent visiter par son premier Médecin durant sa maladie. » — Le P. Paulin fut enseveli à l'église Saint-Louis (aujourd'hui Saint-Paul-Saint-Louis), dans le grand caveau si malheureusement transformé depuis quelques années en calorifère. Son épitaphe en plomb portait cette simple inscription : « P. Charles Paulin, 12 avril 1653. » Cf. Ménorval, *Les Jésuites de la rue Saint-Antoine*, p. 325. — Un poète latin de la Compagnie, le P. Pierre Labbé, composa quelques distiques : *In præ-maturam mortem Reverendi admodum Patris Paulini, confessarii Regis dum vixit*. Gratianopoli, Verderii, 1661, in-4. La bibliothèque de Lyon en possède un exemplaire copié pour nous par le P. B. Roy.

2. Le P. Rapin (*Mémoires*, t. II, p. 141) dit à tort : « pour confesser le Roy le *samedy* de Pâques. »

3. Annat à Goswin Nickel, 18 avril 1653.

Mais nous ne saurions terminer notre exposé des rapports entre le Jésuite confesseur et le cardinal-ministre, sans constater qu'un effet capital des leçons et des conseils du P. Paulin fut d'inculquer à Louis XIV des sentiments d'estime et de reconnaissance envers Mazarin. Dans ses entretiens avec le jeune roi, dans ses prières qu'il inspire et qu'il dirige, c'est toujours le ministre, tantôt « persécuté », tantôt triomphant, toujours serviteur utile et dévoué, dont il lui vante le mérite, dont il lui recommande les services dans le présent et dans l'avenir.

Si Louis XIV, pour le plus sûr progrès de sa formation, attendit la mort du cardinal (1661) avant de se passer de premier ministre et de gouverner par soi-même ; si huit ans encore ce jeune homme, avide de grandeur et de pouvoir, s'initia lentement, sous ce maître expert, à la présidence des conseils, au métier des armes, au contrôle de l'administration, au maniement des affaires étrangères, une des causes de ce fait important et heureux pour la France, l'une des plus certaines, fut la direction du P. Charles Paulin.

Chapitre Treizième.

Influence sur l'esprit du Roi.

'ORAISON funèbre du P. Paulin a été faite en deux lignes par son confrère le P. René Rapin : « Pendant que son crédit dura, l'hérésie fut combattue, le duel exterminé, le blasphème puny, les bénéfices donnés au mérite, et l'Église bien servie (1). » Nous aurions aimé développer tous ces titres du confesseur de Louis XIV à la reconnaissance des catholiques. Un témoignage unique, qui en vaudra plusieurs autres, est celui d'un prêtre pieux et instruit, chanoine de Notre-Dame et adversaire désintéressé de Mazarin, Claude Joly, auteur du *Recueil de Maximes véritables et importantes pour l'institution du Roy. Contre la fausse et pernicieuse Politique du Cardinal Mazarin, prétendu Sur-Intendant de l'éducation de Sa Majesté* (2). » Dans cet ouvrage estimable, qui fut condamné au feu par le Châtelet et brûlé de la main du bourreau, il se plaint que des candidats moins dignes surprennent le P. Paulin. Comment le surprennent-ils ? Sous couleur spécieuse

---

1. Rapin, *Mémoires*, t. II, p. 142.

2. Paris, 1652, in-8.

·de dévotion, et avec lui saint Vincent de Paul (1). Mais des éloges décernés par le P. Rapin, nous ne voulons retenir que certains traits caractérisant le confesseur du roi dans ses rapports avec son illustre pénitent. Le P. Paulin, lit-on dans ses *Mémoires*, avait jeté « dans l'esprit du Roy les semences d'aversion qu'il eut toujours depuis contre la nouvelle doctrine (2) ; » et il déposa dans son âme ces germes vivaces de religion dont la première fleur fut la piété de son adolescence ; et le dernier fruit, son retour final au devoir.

La haine persistante du monarque envers les disciples de Jansénius est un des signes distinctifs de sa physionomie. Sauf le court moment qui suivit la paix de l'Église (1669-1676), il ne cessa guère de poursuivre ces sectateurs dangereux aux allures indépendantes, aux soumissions suspectes. Leur mépris obstiné de l'autorité spirituelle lui semblait un mauvais gage de leur obéissance au souverain temporel. Héritier logique de Richelieu plus que de Mazarin, Louis XIV visait à confondre dans une parfaite unité les croyances de son royaume, parce que dans les dissidents religieux il apercevait des dissidents poli-

1. « Mais quand ces déuots Cortisans sont paruenus à leurs prétentions, et qu'ils n'appréhendent plus la censure d'vn Père Vincent ny d'vn Père Paulin, alors leur naturel se manifeste, » etc. *Recueil de Maximes*, p. 65.

2. Rapin, *Mémoires*, t. II, p. 143.

tiques en puissance. Mais l'instinct monarchique et
unitaire n'explique pas à lui seul cette série de répres-
sions et de rigueurs. Le roi très chrétien s'identifiait
ici avec le roi absolu. Commis par Dieu et par l'Église
à la garde de l'orthodoxie, Louis XIV entendait maintenir parmi ses sujets la foi catholique dans sa pureté
traditionnelle ; il redoutait toute nouveauté capable de
ternir ou d'altérer la vérité reçue. Ces subtiles discus-
sions sur la grâce qui, sorties de l'école, passionnaient
le public, lui paraissaient grosses de conséquences.
Comme il détestait les rebellles, il avait en horreur les
hérétiques. Longtemps avant de raser Port-Royal, il
vit toujours ce foyer d'erreurs d'un regard inquiet ou
irrité.

Mais ces sentiments de défiance, qui l'en avait
imbu ?

Ce fut, pensons-nous, le P. Paulin. Le religieux
agit d'abord sur le roi par la reine, sur l'enfant par la
mère.

La manière dont il éclairait Anne d'Autriche a été
racontée par le P. Rapin en une page curieuse, trop
fidèle expression des mœurs d'alors pour n'avoir pas
ici sa place. Il ne faudrait pas d'ailleurs en exagérer la
portée, ni rapetisser à ces commérages de cour la
grande lutte contre le jansénisme. Mais les petits
côtés ne sont pas toujours les moins intéressants.
Sainte - Beuve n'a pas dédaigné, dans son *Port-*

PORT-ROYAL.

Royal (1), de nous montrer Arnauld d'Andilly culti-
vant des espaliers dans un but politique. Il s'est même
complu à nous décrire ces corbeilles de merveilleux
pavies qui, servis à la table d'Anne d'Autriche, détour-
naient la colère de la reine et de la tête de l'intelligent
jardinier et de celle des solitaires.

Le P. Paulin avait un autre régal à offrir. Il excellait
à raconter des histoires. De ce talent, qui valait bien
sans doute l'art, si distingué qu'il fût, de greffer poiriers
et pêchers, il ne tirait pas un parti inférieur, mais
c'était dans un sens adverse. L'âge du roi légitimerait
à lui seul, l'emploi de ce moyen. Au lieu de rebuter
le prince par l'exposé de querelles au-dessus de sa
portée, il éveilla son attention sur les travers et les
ridicules des gens de la secte. Il est à croire, inutile de
l'ajouter, qu'il ne négligea point par ailleurs de l'instruire
d'une manière plus sérieuse. Mais le P. Rapin, qui
triomphait également dans les entretiens, semble ravi
de s'être trouvé en Paulin une sorte de précurseur, et,
avec son style parfois plus badin qu'il ne conviendrait
à la gravité des sujets, il a tracé le portrait suivant du
confesseur à la cour. Les témoignages contemporains
nous manquent pour en contrôler l'exactitude. On
peut cependant supposer que Rapin vise inconsciem-
ment à faire briller son propre esprit :

---

1. *Port-Royal* 4ᵉ édit., t. I, p. 501-502, et t. II, p. 262 276.

La conduite sage et judicieuse (du P. Paulin), écrit-il, luy attira tant d'estime de la Reine pendant la régence, qu'il avoit des audiences privilégiées quand il vouloit. Cette liberté lui fit prendre la résolution d'informer quelquefois cette princesse de ce qui se passoit dans le monde sur les nouveautés qui se débitoient à Port - Royal ; et le plaisir qu'elle y prenoit n'excitoit pas peu le zèle du Père, qui la trouvoit toujours préparée à l'écouter favorablement, par les dispositions que la marquise de Senecey avoit mises en son esprit, de sorte que, comme il avoit dans les provinces des gens fidèles et exacts à l'informer de tout, il venoit rarement au Louvre sans avoir quelque petite histoire à y raconter sur le jansénisme. Si un prédicateur du party avoit fait l'emporté quelque part, si un directeur s'étoit laissé aller à quelque extravagance dans sa morale, si l'on avoit donné quelque pénitence ridicule dans l'usage qu'on se proposoit de la pénitence publique, si un mary avoit chicané avec sa femme sur la direction de la nouvelle opinion, il venoit en faire le conte à la Reine ; cela se redisoit dans le cercle, on s'en réjouissoit dans le Louvre, *et le Roy, qui écoutoit ces petits contes, croissoit dans les sentiments de mépris et d'aversion de ceux qui donnoient lieu à ces histoires* (1).

Ces rapports semés à travers de fréquentes entre-vues avec une princesse qui, douée de beaucoup d'es-prit, détestait les livres et chérissait la conversation, voilà bien un procédé qui rappelle le meilleur temps

1. Rapin, *Mémoires*, t. I, p. 198.

de la bonne reine Anne, l'ère des cercles brillants au Palais-Cardinal, et aussi le plus triste, celui où, traîné avec sa mère de ville en ville, et sans loisir d'étudier, le petit roi s'instruisait de tout en écoutant. Louis, qui avait le jugement droit et saisissait la mesure en chaque chose, devait éprouver un singulier plaisir à ces contes.

Le zèle de Paulin contre les jansénistes ne se contentait pas de ces moyens de défense efficaces, mais secondaires. Il les laissait, à l'occasion, pour frapper un coup décisif : *oratione ac ratione* (1). Plus d'un illustre prédicateur, accusé de favoriser la doctrine de Port-Royal, fut signalé par lui à la reine et puni de sa témérité. Nous avons raconté ailleurs la disgrâce du fameux Desmares, exilé de Paris en 1648 (2). Un autre Oratorien non moins célèbre, mais d'une éloquence plus douce, comme son caractère, le P. Le Boux, qui honora plus tard de ses vertus les sièges de Dax et de Périgueux, se vit fermer la capitale au moment même où il y était porté par sa réputation en province (3).

1. Paulin à Piccolomini, 9 mars 1650.

2. *Supra, p.* 38.

3. *Bibliothèque des écrivains de l'Oratoire, ou histoire littéraire de cette Congrégation,* par M. Adry, de l'Oratoire. Bib. nat., *ms.,* f. fr., 25681, fol. 107. — La disgrâce de Le Boux nous paraît avoir duré deux ans (1650-1651). La lettre du P. Paulin nous fournit la première datée, qui

Après la pureté de l'enseignement donné aux fidèles par les distributeurs de la parole sacrée, rien n'importait plus à surveiller que la même intégrité doctrinale chez les candidats aux bénéfices. L'action du confesseur sur le Conseil de conscience fut-elle en partie dirigée de ce côté? Une seule fois, à propos de la vacance prochaine du siège d'Amiens, le P. Paulin fit entendre, dans une lettre au cardinal, un cri d'alarme. Les circonstances y prêtaient ou jamais. Le diocèse à pourvoir était l'un des premiers où la nouvelle opinion se fût introduite (1). Elle y avait été répandue par deux ex-Jésuites, tous deux Gascons et beaux parleurs, André Dabillon et le triste apostat Labadie. L'évêque François Le Fèvre de Caumartin, digne ami de Retz, avait embrassé, avec une réforme de mœurs inconnue au Coadjuteur, la prétendue doctrine de saint Augustin. Mais, revenu de son illusion, il abjura loyalement ses erreurs à son lit de mort. Le P. Paulin, informé que

---

concorde avec celles d'Adry. La seconde est donnée par Loret. En mars 16.1, Le Boux, « homme d'assez grand renom », prêche devant Gaston d'Orléans, et non en frondeur. « Il fit, à ce qu'on dit, merveilles... — Il dit mesme à ce Fils-de-France, — que l'on avoit grande espérance — qu'il métroit fin à nos mal-heurs, — qui cauzoient par-tout tant de pleurs, — et que la bonté sans égale — de sadite Altessse Royale, — *seroit enfin d'opinion* — d'une sainte réunion. » *Muze historique* du 17 mars 1651. Quelques jours après, au sortir de Saint-Séverin, il fut poursuivi au cri de : « Au Mazarin ! » et eut peine à s'échapper. *Ibid.*, lettre du 14 mars.

1. Rapin, *Mémoires*, t. I, p. 50 et suiv.

le prélat touchait à sa fin (1), écrivit à Mazarin, le
25 novembre 1652, pour lui soumettre la proposition
d'un successeur. Il croit qu'on présentera un certain
Besnard de Rézé, « homme de bien et d'honneur,
prestre il y a longtemps d'œuvre et d'exemple, seruiteur du Roy sans reserue iusques au mourir. Le
defunct, ajoute-t-il, *a infesté son clergé de jansénisme ;*
celui-cy est anti-ianséniste, et très auisé pour les ren-
uerser. »

Une autre fois, ce n'est plus d'un futur prélat qu'il
s'agit, mais d'un laïque, port-royaliste du dehors et
grand personnage dans l'État, le ministre Chavigny.
Cet ancien gouverneur de Vincennes, qui avait été
pris par son prisonnier Saint-Cyran, était resté fidèle
adepte de la secte. Avouons-le : si parmi les fervents
admirateurs du maître il y eut d'honnêtes dupes, nous
devons à celle-ci un des premiers rangs. Pouvons-
nous oublier que saint Vincent de Paul, si hostile au
convertisseur Duvergier de Hauranne, reconnaissait
exemplaire la conduite du converti (2) ? Personne
n'oserait garantir en revanche que la religion du
comte de Chavigny fût très éclairée. En mourant
(11 octobre 1652), il remit au grand directeur de

1. « Monsieur d'Amyens a receu tous ses sacrements et n'en peut
releuer. » Paulin à Mazarin, 25 nov. 1652. Affaires étrangères, *France,*
t. DCCCLXXXVI, pièce 37, fol. 73. — Le prélat mourut deux jours
après.

2. *Lettres de saint Vincent de Paul,* 1880, 3 vol. in-8, t. II, p. 310.

Port-Royal, Antoine Singlin, la menue somme de neuf cent soixante-treize mille sept cent trente-quatre livres (cinq millions d'aujourd'hui), dépouillant sa femme, ses enfants et ses amis de toute leur fortune, que le parlement d'ailleurs leur fit restituer (1). Paulin ignorait sans doute encore ces étranges aumônes du pénitent ; elles lui eussent fourni une historiette pour la reine ou Louis XIV ; mais il écrivit à Mazarin sur le compte du confesseur Singlin : « Le sieur de Cha- uigni est mort ; ie scay de nos Pères de Paris qu'il n'a pas receu le St-Sacrement, et qu'il s'est confessé au Chapelain de Port-Royal nommé St-Glin (sic), *homme qui n'a iamais veu ni la Philosophie, ni la Theologie, non pas mesme les humanitez plus que iusques à la 3ᵉ*, d'où V. E. conclura de l'aueuglement et de l'opinias- treté du personnage. Tout Paris en est scandalizé ; i'y reconnois vn très iuste chastiment de Dieu (2). » Ainsi Paulin avait l'œil à tout, sachant observer à la fois et signaler la face risible des choses et leurs leçons les plus graves.

Une question, non plus de personne, mais de doc- trine, avait déjà fait éclater le zèle du P. Paulin pour l'orthodoxie romaine. Dénoncées en 1649 à la Faculté de théologie de Paris, par le syndic Nicolas Cornet,

---

1. Sainte-Beuve, *Port-Royal*, 4ᵉ édit., t. II, p. 554.

2. Paulin à Mazarin, 14 octobre 1652. Affaires étrangères, *France* t. DCCCLXXXV, pièce 77, fol. 176.

les cinq propositions furent bientôt déférées à Rome.
Saint Vincent de Paul et les Pères Dinet (1) et Paulin
travaillèrent si activement auprès de l'Assemblée du
clergé de 1651, que quatre-vingts ou quatre-vingt-cinq
prélats signèrent une lettre, admirable témoignage de
la foi de nos pères en l'infaillibilité doctrinale du Pape,
à l'effet de solliciter l'examen et le jugement définitif
des dangereuses assertions extraites de l'*Augustinus*(2).
Onze évêques seulement envoyèrent à Innocent X
une lettre en sens contraire, mais elle ne servit qu'à
leur nuire. Les jansénistes s'étaient fait représenter à
Rome par le docteur Saint-Amour ; ils y trouvèrent à
qui parler. « Le P. Paulin, confesseur du Roy, avoit eu
avis du P. Dinet qu'il étoit important que la lettre que
les quatre-vingt-dix évêques venoient d'écrire au pape
fût soutenue d'une recommandation du Roy, qui fît
paroître l'intérêt que tout son royaume prenoit en la
décision de cette affaire, d'où dépendoit une partie de

1. Sainte-Beuve, qui fait quelque part le plaisant sur la chronologie
des confesseurs de Louis XIV, n'aurait pas dû écrire qu'à cette époque
(1651) le P. Dinet était le confesseur du roi (*Port-Royal*, t. III, p. 11).
Cette erreur n'a pas été signalée dans la réfutation du passage de
Sainte-Beuve par Mgr Fuzet (*Les Jansénistes du dix-septième siècle*
1876, in-8, p. 215). La vérité est que le P. Jacques Dinet ne confessa
Louis XIV qu'en 1653.

2. A en croire le docteur Saint-Amour, député des jansénistes à Rome,
les efforts du P. Paulin n'avaient pas été heureux auprès de Mgr de
Beaumont. On écrivait de Paris, à la date du 27 janvier 1651, « qne M.
de Rhodez, précepteur du Roy, avoist esté sollicité par le P. Paulin
Confesseur du Roy, de signer la lettre de M. de Vabres, et qu'il l'avoit
refusé. » *Journal de M. de Saint-Amour*, 1652, in-fol, p. 68.

la tranquillité de son État (1). » Le confesseur agit
donc à la cour, et le bailli de Valençay, ambassadeur
de France, reçut ordre du roi et de la reine-mère de
demander à Sa Sainteté la censure des assertions
extraites de l'*Augustinus.* Cette prière pressante activa
la marche des travaux. Le 31 mai 1653, Innocent X
signait la bulle *Cum occasione* condamnant les cinq
propositions.

Quelques semaines avant de pouvoir applaudir à
cette sentence souveraine de l'autorité apostolique, le
P. Paulin avait été emporté par la fièvre ; mais il avait
peu auparavant obtenu un autre résultat, moins considérable il est vrai, plus consolant peut-être, en réunissant, sur le terrain de la pure doctrine de l'Église et
de la charité religieuse, les disciples du cardinal de
Bérulle et ceux d'Ignace de Loyola. Le récit de cet
accommodement a été retracé en détail dans les *Annales
de la Congrégation de l'Oratoire.* Le P. Bourgoing,
d'une part, de l'autre les PP. Paulin, Séguin et Annat,
y sont représentés comme les auteurs d'un si heureux
rapprochement. On échangea non seulement des visites de politesse, suivies d'un accord sur des points
capitaux de doctrine, mais encore de fraternelles
agapes. « En signe de réconciliation pleine et entière,
écrit l'annaliste oratorien, ils (les Jésuites) nous don-
nèrent à manger dans leur maison de Saint-Louis, au

---

1. Rapin, *Mémoires,* t. I, p. 383.

commencement de janvier 1653, à la fête du St Nom
de Jésus, et ils furent invités chez nous à la fête des
Grandeurs de la même année (1). » Le P. Paulin
courut, dit-on, sur-le-champ informer la reine de cette
alliance entre les deux communautés religieuses qui
avaient fraternisé ; son empressement est une preuve
et de l'intérêt qu'il avait pris à cet événement et de la
satisfaction qu'en devait éprouver la reine.

Nous sommes à même de nous rendre compte,
d'après tous ces faits, des sentiments qu'il éprouvait à
l'égard du jansénisme. Nous pourrions signaler encore
le jugement qu'il portait sur le vigoureux pamphlet du
Jésuite Brisacier intitulé le *Iansénisme confondu* (1651),
pamphlet qu'au grand scandale de Racine il trouvait
très modéré (2). Mais ce qu'il nous importe le plus de
connaître, c'est dans quelle mesure il communiquait
au roi ses idées personnelles sur les jansénistes. Le
P. Rapin a tout dit : « Le Roy étoit gouverné par le
P. Paulin, son confesseur, pour les choses de la religion,

1. *Annales de la Congrégation de l'Oratoire*, fol. 52. Archives nationales, *ms.*, MM. 624.

2. *Abrégé de l'Histoire de Port-Royal*, dans les *Œuvres de Racine*,
Collection des grands écrivains de la France, t. IV, p. 346. Il est fâcheux
qu'à la table (t. V, p. 405), on ait fait vivre le P. Charles Paulin, mort en
1653, jusqu'à la controverse du quiétisme. Il y a là une confusion de
personnes. — L'éditeur des *Œuvres de Messire Ant. Arnauld*, 1775-1783,
in-4, t. XXX, p. 5, rapporte la plainte de Racine et ajoute que le
P. Paulin, « comme on le trouve ailleurs, faisoit grand'estime (du livre de
Brisacier), qu'il y admiroit surtout sa modération, sa charité et sa
retenue. »

*qui n'oublioit aucune occasion de luy rendre toutes leurs
entreprises suspectes* (1). »

Quelles étaient ces entreprises, nous ne le savons
que trop.

Les révolutions de la régence avaient offert à l'habile directeur la plus favorable, la plus longue des
occasions imaginables. Ces héros et ces héroïnes de la
Fronde pensionnés par Port-Royal, Retz s'en décla-
rant le protecteur, la plupart des curés de Paris
embrassant la cause du Coadjuteur et adoptant d'abord
les principes de la secte, quel tableau à présenter au
jeune roi, jaloux de son autorité méconnue ! Louis
XIV, qui ne devait jamais pardonner ni au parlement
ni aux bourgeois parisiens leurs révoltes contre le pouvoir royal au temps de sa minorité, confondit toujours
frondeurs et jansénistes dans une égale rancune. A
ses yeux les mêmes hommes ne voulaient ni pape ni
roi, presque ni Dieu ni maître ; ils étaient ennemis-
nés des deux souverainetés qui se défendaient alors
l'une l'autre, la spirituelle et la temporelle, l'Église et
l'État.

Qu'y avait-il pourtant de réel sous cette union appa-
rente de l'opposition religieuse avec l'opposition politique ? On dissertera longtemps encore sur ce sujet.
Un point mis hors de discussion, c'est que le Coadjuteur n'était pas plus janséniste que chrétien, ni même

1. Rapin, *Mémoires*, t. I, p. 276.

qu'honnête homme. Il visait à s'attacher Port-Royal
parce qu'il en tirait de l'argent ; et aussi parce que ses
liaisons avec ces personnages austères lui faisaient une
réputation de vertu qu'il eût mal soutenue par lui-même.
Janséniste, il ne le fut que par ambition et par cabale.
C'est le jugement d'Alexandre VII, qui demeure celui
de l'histoire. Les directeurs de Port-Royal ne comprirent pas qu'en s'appuyant sur la crosse d'un pareil
prélat, ils avaient mis la main sur un roseau trop frêle
et qu'ils tomberaient avec lui.

Que le P. Paulin ait profité de cette faute commise
par des adversaires, le fait est trop vraisemblable pour
n'être point vrai. Un simple mot de sa correspondance
suffirait à l'établir : le jansénisme, qu'il qualifie « si
contraire à la Religion et à l'Estat (1) », fut sans doute
représenté par lui à Louis XIV comme une suite du
protestantisme, la grande hérésie qui avait sapé la
base de toute autorité. Paulin ne paraît pas avoir
incliné davantage les idées du roi en faveur de Retz,
même repentant ou feignant le repentir. N'est-ce pas de
lui qu'il écrit à Mazarin : « Il ne se fiera iamais à nous,
il est trop criminel ; plus on luy donnera, moins il aura
de confiance. » Et après l'arrestation du coupable mais
malheureux prélat, est-il possible de parler avec moins
d'indulgence qu'il ne le fait de ce « cardinal brouillon »
à qui l'on ne pouvait laisser « *perdre un Estat* avec

1. 'Paulin à Mazarin, 17 déc. 1652.

impunité », et du peuple de Paris, « *très consolé* de la prison de son Coadiuteur » ?

Ainsi, de l'ancien professeur de Paul de Gondi au collège de Clermont, en 1628, de l'ancien agent de Mazarin apportant, en 1649, des paroles de paix au prélat révolté, il ne restait plus rien, en 1652, qu'un juge sévère. La détention de ce prince de l'Église romaine ne lui arrache ni une plainte ni un regret.

Concluons : connivence ouverte ou cachée de Port-Royal avec la Fronde, tel dut être le fait capital mis en lumière par le P. Paulin pour préserver le monarque adolescent de tout entraînement irréfléchi vers les partisans de Jansénius. Il eut ainsi le mérite de fixer Louis XIV dans la haine des nouveautés et dans l'amour de la vieille foi.

Le confesseur sut-il rendre les mœurs de son pénitent dignes de sa créance, et porter le caractère du souverain à la hauteur de sa piété ? C'est la dernière question qui nous reste à examiner.

Chapitre Quatorzième.

La religion de Louis XIV.

A U moment où mourut Paulin (12 avril 1653), la religion du roi n'avait encore subi ni défaillance ni éclipse. Elle se manifestait au contraire avec un éclat grandissant. Depuis la proclamation de sa majorité (7 septembre 1651), l'engagement qu'il avait pris de régner avec piété, il le tenait. Dans les derniers mois de cette année et au commencement de la suivante (1652), pendant un long séjour qu'il fit à Poitiers, il édifia la cité de sainte Radegonde par le spectacle de sa royale dévotion. Le 1er janvier, il entend dans « l'église des PP. Iésuites » un sermon de l'évêque de Bazas (1). L'orateur ne veut pas que la déclaration de septembre sur les blasphémateurs soit une lettre morte. Il exhorte le roi et la reine « à faire cesser les blasphèmes et les irrévérances qui se commettent contre la Majesté Divine par ceux qui, *profitans mal de l'exemple que leur donne la piété de Leurs dites Majestez*, se laissent emporter à celui de plusieurs courtisans (2) ». Louis XIV

---

1. Samuel Martineau occupa ce siège de 1646 à 1667.

2. *Gazette*, 1652, p. 59.

s'est donc déjà mis à l'œuvre de répression qu'il conduira à bonne fin.

Le 10 mars, la cour est dans la ville de Tours. Le roi très chrétien y prête, à l'évangile de la messe, le serment, différé naguère à cause de sa minorité, de protection envers l'église Saint-Martin (1).

Le 6 juin, à Melun, il assiste à la procession du Saint-Sacrement ainsi qu'à la prédication de Lescalopier, son aumônier (2).

Le 8 septembre, c'est à Compiègne qu'il satisfait de nouveau son goût si vif pour les processions. Nous savions par le P. Paulin que ce jour-là il communia « avec grande édification ». La *Gazette* énumère tous les offices : « Le 8, jour de la Nativité de la Vierge, Leurs Majestez, qui avoyent fait leurs dévotions le matin, et Monsieur, frère unique du Roy, assistèrent l'après-disnée, *selon leur piété exemplaire*, en l'église des PP. Minimes de cette ville, à l'établissement de la Confrairie de la Pureté de la Vierge, en laquelle ils firent inscrire leurs noms... » Sermon, procession, etc. (3).

Le 14, en l'Exaltation de la Sainte Croix, nous retrouverons le roi à la messe. Un jour, il visite le monastère de Notre-Dame de la Paix, fondé à sa

1. *Gazette*, 1652, p. 587.
2. *Ibid.*, p. 311.
3. *Ibid.*, . 87 .

naissance par Anne d'Autriche ; un autre, il visite les Célestins aux environs de Mantes.

A peine a-t-il accompli son retour tant désiré en sa bonne ville de Paris, que le peuple le revoit agenouillé à Notre-Dame, aux Feuillants, au Val-de-Grâce, communiant à la Toussaint, fêtant l'Immaculée-Conception et célébrant des neuvaines en l'honneur de la Sainte Vierge (1). C'est l'époque où le P. Paulin n'écrit guère à Mazarin sans l'inviter à s'extasier avec lui sur ce parfait « Dieu-donné en qui tout est vraiment de Dieu ». Il admire son aimable et joyeuse piété, sa sagesse fondée sur la crainte divine, sa tenue modèle dans ses prières.

Au début de 1653, rien dans la conduite extérieure du roi qui puisse faire changer de sentiment sur lui. N'ouvre-t-il pas l'année, à Saint-Eustache et à Saint-Louis des Jésuites, par une cérémonie où brûlent seize cents cierges ? Le 3 janvier, ne va-t-il pas offrir à la patronne vénérée de Paris, sainte Geneviève, « les marques de sa piété, » et, le 14, rendre les pains bénits « à Saint-Gervais, en l'honneur du Saint Nom de Jésus » ? Ce qui ne l'empêchera pas d'entendre la messe à Saint-Paul, le jour de la conversion du grand Apôtre (2). Sa dévotion à la Sainte Vierge lui donne de nouvelles inspirations à chacune de ses fêtes. Ainsi

1 *Gazette*, 1652, p. 898, 922, 1114, 1031-32, 1067, 1163, 1200.
Ibid., 1653, p. 24, 72, 108.

le 3 février, jour de la Purification, il suit chez les
Feuillants cette procession moitié militaire, moitié
conventuelle, décrite par la *Gazette* un peu comme une
cavalcade :

L E Roy, qui ne peut manquer d'estre pieux, ayant un si
familier et si auguste exemple de piété en la personne de
cette digne Princesse (la Reine),alla, accompagné de plusieurs
Princes, maréchaux de France, chevaliers de l'Ordre et autres
grands seigneurs, en l'église des Feüillans, où il entendit la
messe de l'évesque de Meaux son premier Aumosnier, à
laquelle il communia ; et après avoir déjeuné dans le Monastère, assista à la procession que firent ces Pères, à l'entour de
leur cloistre. Les cent Suisses de la Garde, vn cierge à la main,
marchans les premiers, les Religieux en suite, puis les Chapelains et Musiciens de la Chapelle de *Sa Majesté, dont la
modestie et la fervente dévotion anima celle de toute sa Cour.*

A l'issue de cette procession Sadite Majesté ouït la grand'-
Messe..... et l'après-disnée retourna entendre le Sermon et les
Vespres (1).

Si le P. Paulin prit part à la cérémonie, ce fut sans
doute la dernière fois qu'il pria aux côtés du monarque.
Le 28 mars, il dut être retenu par la maladie, quand
Louis posa la première pierre de l'église Saint-Roch.
Pas davantage le Jésuite ne put suivre avec la cour la
station de carême de son ami le P. Léon, prêchant

1. *Gazette*, 1653, p. 138.

trois fois par semaine au Louvre, devant Leurs Majestés. Il n'eut point la satisfaction de voir le roi prêter
à la parole de Dieu « une si profonde et merveilleuse
attention » qu'il « ne divertit jamais ses yeux du Prédicateur : ce qui faisoit juger, poursuit la *Gazette*, du
bonheur que l'on avoit à espérer sous le Règne d'un
Monarque en qui la piété, prenant ses racines de si
bonne heure, devoit faire la base inébranlable de son
trône (1). »

Le religieux, cloué au lit par la fièvre, fut également
privé de faire gagner à son pénitent le Jubilé. Jamais
peut-être Louis n'avait encore donné à ses sujets la
preuve d'une piété plus humble et plus touchante que
le lendemain des Rameaux (7 avril).

Tout le peuple, dit le même journaliste, ne pouvoit assez
rendre ses yeux témoins de la dévotion que Sa Majesté montra
dans les Stations du Iubilé, qu'elle commença par la visite de
nostre cathédrale, de l'Hostel-Dieu, de Sainte-Marine et des
Barnabites : allant à pied, comme le moindre de ses sujets, et
auec vne modestie qui n'animoit pàs moins la piété d'vn chacun, en voyant ce Fils aîné de l'Eglise si humblement sousmis
à ses Ordonnances, qu'elle augmentoit l'amour de ses peuples,
qui faisoyent retentir les rües de leurs cris ordinaires de *Vive
le Roy*, et donnoyent mille bénédictions à tous ceux qui ont
eu le soin d'vne si belle éducation. Mais apres son illustre
exemple, celui de Monsieur son Frère, qui l'accompagnoit,

1. *Ibid.*, p. 362.

n'estoit pas moins admiré, comme la plus parfaite copie qui se pust tirer sur un si bel original, et formoit avec lui le plus auguste spectacle de dévotion, aussi bien que le plus doux sujet d'allégresse publique que l'on ait jamais vû en cette capitale du Royaume...

Le 8 (avril) le Roy, auec lequel estoit encor Monsieur son Frère et Son Eminence, continua (ses stations) auec la mesme humilité et le mesme zèle : qui redoubla aussi celui de ses sujets et les obligea à s'aquiter de ce devoir avec plus de respect et d'abaissement devant la Divine Majesté, dont ils voyoient la parfaite image, nonobstant son innocence, marcher en vne posture si humiliée.

Le 9 (avril) le Roy en suite de ses Stations, assisté de Monsieur, de Son Eminence, de plusieurs Prélats et Seigneurs, alla aux Füeillans entendre l'office de Ténèbres, chantées par la musique de Sa Majesté.

Le 10, jour du Ieudy Absolu, le Roy fit au matin la cérémonie de la Cène dans la grand'salle du Louvre, qui commança par la prédication de l'abbé de Vautorte : à la fin de laquelle, l'évêque de Constance (1), depuis peu pourvû par Leurs Majestez de la Trésorerie de la Sainte-Chapelle Royale du Palais de cette ville, donna l'Absoute ; puis Sa Majesté lava les pieds à treize pauvres et les servit à table, les plats estans portez par Monsieur, le Duc de Ioyeuse, les Mareschaux du Plessy-Pralin et de Villeroy et quelques autres seigneurs. Ensuite de quoi Sadite Majesté donna à chacun de ces pauvres une bourse, qu'Elle recevoit des mains de Son Eminence ; et de là, fut en l'Eglise des Feüillans, où Elle ouït la grand'messe, célébrée par D. Iacques de S. Benoist, leur

1. Claude Auvry.

Provincial, et assista à la procession du S. Sacrement avec vn cierge blanc à la main, et l'après-disnée, Elle y retourna aux Ténèbres, et continua ses Stations.

L'onzième, jour du Vendredy Saint, le Roy, accompagné comme les autresfois, fut le matin aux Feüillans, où il assista à l'Office et aux cérémonies de ces Religieux, ayant adoré la Croix et assisté à leur Procession : à l'issue de laquelle Sa Majesté continüa ses Stations, et alla en la Sainte-Chapelle adorer la vraye Croix avec une révérence toute Royale ; et l'après-disnée, pour terminer la journée comme Elle l'avoit commancée, Elle entendit le Sermon du Père Léon, qui prescha à son ordinaire, c'est à dire avec une merveilleuse édification de toute la Cour.

Le 12 (samedi saint) le Roy, après avoir continué ses Stations comme il a fait tous les jours de la semaine, alla prendre le divertissement de la chasse à S. Maur.

Ce même jour, au matin, le P. Paulin s'était endormi dans la paix du Seigneur sans avoir pu recevoir la confession de son royal pénitent.

Le lendemain, Louis XIV s'adressait à un confrère du défunt, le P. Jean Bagot, et communiait à Saint-Germain l'Auxerrois, la paroisse du Louvre.

Nul doute que Vallot et Bontemps, qui visitaient assidûment le malade, n'aient causé au confesseur du roi une joie suprême en lui racontant les actes religieux accomplis journellement par le jeune prince qu'il avait formé.

Et c'est sous cette. impression que, dans le pressen-

timent de sa mort prochaine, Paulin avait écrit à Mazarin : *Le Roi croît en sagesse.* L'occasion s'offre ici
de nous demander si la dévotion démonstrative de
Louis XIV était très sincère ; examinons-la.

Peut-on d'abord n'y voir qu'une piété d'apparat
cherchant à en imposer à la simplicité du peuple et ne
traduisant ni une foi vive ni des sentiments spontanés ?
Est-ce par un raffinement d'astuce ou d'hypocrite vanité
que le jeune prince étalait aux regards de ses sujets
tant d'observances et de pratiques extérieures ? N'y
avait-il là qu'un faux semblant et un masque de vertu ?
Le gazetier Loret, raillant les démonstrations de
« Monsieur saint Condé » et de Beaufort à la procession de la châsse de sainte Geneviève, prend plaisir
à leur opposer le « jeune et pieux monarque » recevant
la sainte communion « avec un cœur pur et sincère (1) ».
Loret, dédiant ses lettres à Mademoiselle de Longueville et tout dévoué à la Fronde, est ici impartial. Plus
tard, une certaine politique chrétienne ne sera pas
étrangère à la piété royale ; mais Louis XIV nous en
a exposé les motifs, par la plume de Pellisson, dans un
des meilleurs chapitres de ses *Mémoires* (2) ; il nous a
permis ainsi de pénétrer jusqu'au fond de ses intentions, et si l'orgueil naïf de l'homme s'y trahit, nulle

---

1. *Muze historique* du 5 novembre 1650.

2. *Mémoires de Louis XIV pour l'instruction du Dauphin*, édit.
Dreyss, 1860, in 8, t. II, p. 421 et suiv. *Devoirs des rois envers Dieu. Les
rois sont plus obligés que les autres hommes.*

duplicité ne s'y révèle. Bien que ces pages aient été écrites pour l'année 1661, huit ans après notre époque, il est peut-être permis de reporter, sans un grave ana-chronisme, à ce début de l'année 1653 des idées qui devaient être anciennes et ne varièrent point chez ce souverain au caractère réfléchi, au jugement mûr et stable.

Ce roi de quatorze ans et demi, qui fait à pied les stations de son jubilé ou suit des processions dans les cloîtres, n'a pas la dévotion tout italienne de Henri III, cette dévotion que Mazarin reprochait à tort à la reine, comme devant lui aliéner l'esprit des Parisiens. Il est le représentant de l'autorité divine, l'intermédiaire entre le Ciel et la terre, entre Dieu et ses sujets. Il ne saurait donc montrer trop de respect envers Celui qui le « fait respecter de tant de milliers d'hommes ». En manquant de vénération envers ce Roi des rois dont il est constitué le lieutenant, il pécherait contre une juste reconnaissance, mais aussi contre la prudence. « En effet, écrit-il, notre dignité se relève par tous les devoirs que nous lui rendons. »

Fier de sa grandeur, il a conscience de ce qu'elle lui impose. Pas plus qu'il n'accepterait pour soi d'hom-mages dérisoires, il ne s'abaisserait à payer Dieu de cette vile monnaie. « Il ne faut pas, dit-il, se contenter de lui rendre un culte extérieur, comme font la plupart des autres hommes. Des obligations plus signalées veulent de nous des devoirs plus épurés ; et comme, en nous donnant le sceptre, il nous a donné ce qui paraît de plus éclatant sur la terre, nous devons, en lui donnant notre cœur, lui donner ce qui est de plus agréable à ses yeux. » Le roi a également conscience que les services les plus signalés rendus à la gloire divine et au triomphe de la religion, tels que le relèvement des autels abattus, la propagation lointaine de l'Évangile, ne sont pas l'offrande la plus agréable au Seigneur. Le souverain que l'on a si souvent accusé d'avoir fait consister sa religion dans la punition des duellistes et des blasphémateurs, dans les poursuites contre les jansénistes et les protestants, reconnaît qu'avant de soumettre les autres à la loi de DIEU, il doit lui-même porter le joug de ses commandements : « Les actions d'éclat et de bruit ne sont pas toujours celles qui le touchent davantage, et ce qui se passe dans le secret de notre cœur est souvent ce qu'il observe avec le plus d'attention. » La dévotion telle que le roi la concevait, était donc quelque chose d'intime, et non pas une affaire de forme ou de convenance consistant en de vains simulacres.

Quant à sa foi, on ne saurait contester qu'elle ait toujours été profonde. Les bases sur lesquelles il l'avait appuyée nous sont connues. Nous tenons de lui les motifs de sa croyance. Cette profession est droite, ferme et empreinte de ce bon sens qui est l'éternel maître de la vie humaine. Le consentement des nations et des siècles, le très petit nombre des impies et des athées — « esprits médiocres » — démontrent, avec l'ordre merveilleux du monde, l'existence de DIEU. La variété infinie des religions prouve la véracité d'une religion unique, comme des copies falsifiées dénotent un original authentique (1).

Cette piété, sincère et éclairée, était-elle conséquente avec elle-même ?

Nous nous sommes posé un jour cette question devant un portrait de Louis XIV jeune homme. Le prince, déjà coiffé de la perruque, portant sur son manteau fleurdelisé le collier du Saint-Esprit, tient le sceptre d'une main et fait de l'autre un geste impérieux. On se demande quel rebelle ou quel ennemi il s'apprête à réduire en son obéissance. La réponse est dans un quatrain gravé au bas.

> Qui pourroit s'opposer aux illustres projets
> D'vn prince à qui le Ciel a promis tant de gloire !
> Il remporte sur luy la première victoire :
> Il met ses passions au rang de ses sujets (2).

Est-ce bien l'image de Louis XIV, tel que le voyait la France en 1653 ou tel qu'elle le rêvait ? Ce vers final, à l'allure cornélienne, nous semble l'expression non d'un songe, mais de la réalité. Nous citerons tout

---

1. *Mémoires de Louis XIV*, t. II, p. 458. *Raisons de la croyance en Dieu et particulièrement en Jésus-Christ*.

2. Bibl. nat., Estampes, *Portraits de Louis XIV*, t. IV.

à l'heure en preuve le témoignage précis d'un contemporain.

Avant d'admirer la victoire, constatons la lutte.

Les confidences du valet de chambre Laporte sur le séjour de la cour à Melun, en juin 1652, disent assez que le roi n'était plus alors un enfant. La période de l'innocence insouciante et passive était close pour lui ; mais c'était encore une certaine innocence (1). Entré dans l'âge des passions et doué d'un tempérament fougueux, il avait désormais un combat terrible à livrer contre les assauts de sa nature. Deviendrait-il l'esclave ? demeurerait-il le maître ?

Un observateur sagace, augurant de l'avenir, n'eût rien présagé de bien rassurant.

Une anecdote, mise en détestables vers par le poète burlesque Loret, est fort suggestive (2). Nous sommes en janvier 1651 ; Louis XIV a passé douze ans.

Les lecteurs de la *Muze historique* songeaient-ils à se scandaliser du pronostic ? En ce cas, ils auraient différé des lecteurs de la *Gazette* (3). La dépravation du sentiment public et les complaisances de la presse

---

1. Ce passage des *Mémoires* de Laporte, écrit M. Lair, « insuffisant comme preuve contre Mazarin, révèle le fonds d'innocence de l'esprit de Louis. » *Louise de La Vallière et la jeunesse de Louis XIV*, par J. Lair 1881, in-8, p. 11, note 1.

2. *Muze historique* du 15 janvier 1651.

3. *Gazette*, 1651, p. 981.

égalent ce que difficilement nous imaginerions aujour-
d'hui.

Aucune considération humaine ne sera donc capable
de tenir en respect les passions du roi. Il ne rencontre
guère autour de lui que sollicitations au mal et conni-
vences.

D'où lui viendra la sauvegarde ? Puisqu'il n'a rien
à craindre de la part des hommes qu'une lâche com-
plicité, seule la crainte de Dieu lui inspirera l'énergie
nécessaire pour ne point faillir, et, s'il succombe, pour
s'en relever aussitôt. Cette arme à l'usage des grands
comme des humbles, son directeur la lui mit entre les
mains et elle lui assura ses premiers triomphes. La
crainte du Seigneur fut pour Louis XIV le commencement de la sagesse, et cette sagesse dura non seulement tant que le P. Paulin fut son guide et son sou-
tien, mais encore au-delà. Écoutons le P. René Rapin
nous rapporter quel sentiment salutaire le confesseur
avait su développer dans cette âme d'adolescent : *Il
réussit même si bien à élever le Roy dans la crainte de
Dieu, que ce prince, à l'âge de dix-huit ans, avoua à
une personne qu'il considéroit, qu'il ne comprenoit pas
comment on pouvoit se coucher le soir en sûreté avec un
péché mortel : et il dit cela plus de deux ans après la
mort de ce Père* (1).

Nous savons quelles qualités ornèrent la piété nais-

1. Rapin, *Mémoires*, t. II, p. 142.

sante du jeune Louis. Il est consolant d'en retrouver plusieurs et, presques identiques, dans le roi revenu ou non de ses égarements. Cette fidélité aux offices de l'Église et cette fréquentation des sacrements, ce respect de la présence de DIEU et ce sentiment de la prière, dont le P. Paulin, assistant à la messe royale, s'était tant de fois édifié, un personnage bien différent devait les admirer plus tard. Tout cela reparaît bien, trait pour trait, dans Saint-Simon :

L E Roi n'a de sa vie manqué la messe qu'une fois à l'armée un jour de grande marche... Il manquoit peu de sermons l'avent et le carême, et aucune des dévotions de la semaine sainte, des grandes fêtes, ni des deux processions du Saint-Sacrement, ni celles de l'Ordre du Saint-Esprit, ni celle de l'Assomption. Il étoit très-respectueusement à l'église. A sa messe tout le monde étoit obligé de se mettre à genoux au *Sanctus*, et d'y demeurer jusqu'après la communion du prêtre ; et s'il entendoit le moindre bruit ou voyoit causer pendant la messe, il le trouvoit fort mauvais. Il manquoit rarement le salut les dimanches, s'y trouvoit souvent les jeudis et toujours pendant toute l'octave du Saint-Sacrement. Il communioit toujours en collier de l'Ordre, rabat et manteau, cinq fois l'année, le samedi saint à la paroisse, les autres jours à la chapelle, qui étoient : la veille de la Pentecôte, le jour de l'Assomption (et la grand-messe après), la veille de la Toussaint et la veille de Noel (et une messe basse après celle où il avoit communié). Et ces jours-là, point de musique à ses messes, et à chaque fois il touchoit les malades. Il alloit à

vespres, à matines et à trois messes de minuit en musique, et
c'étoit un spectacle admirable que la chapelle ; le lendemain
à la grand'messe, à vespres, au salut. Le jeudi saint, il servoit
les pauvres à dîner, et, après la collation, il ne faisoit qu'entrer dans son cabinet, et passoit à la tribune adorer le Saint-
Sacrement ; il disoit son chapelet (il n'en savoit pas davantage), et toujours à genoux, excepté à l'évangile. Aux grandes
messes, il ne s'asseyoit dans son fauteuil qu'aux temps où on
a coutume de s'asseoir. Aux jubilés, il faisoit presque toujours
ses stations à pied (1).

L'insinuation méchante contre le chapelet du ro
gâte ce passage. Saint-Simon a joui une fois de plus
de son plaisir à se moquer de « l'ignorance générale,
jusqu'à l'incroyable (2) », « l'ignorance la plus grossière
en tous genres (3) », spécialement dans les matières
ecclésiastiques, qui est un de ses sarcasmes favoris
contre Louis XIV. Si le grand roi n'était pas grand
clerc, il savait du moins prendre conseil de ses confesseurs, et voilà ce qui irrite l'écrivain janséniste. Mais
le roi que prêchèrent Bossuet et Bourdaloue, Fléchier
et Massillon, pouvait-il être l'ignorant raillé par Saint-
Simon ? Nous avons d'abord un indice éloigné que,
dès son enfance, le prince avait dû recevoir un enseignement religieux donné avec soin : c'est l'extrême

1. Saint-Simon, *Mémoires*, édit. Chéruel, in-12, t. XII, p. 183.
2. Saint-Simon, *Écrits inédits, Parallèle des trois premiers rois Bour-
bons*, 1880, in-8, p. 216.
3. *Mémoires*, t. XII, p. 103.

vigilance avec laquelle Anne d'Autriche faisait instruire, en 1645, les enfants de la maison de Louis, alors
qu'il n'avait pas lui-même sept ans accomplis. « Le 13
de ce mois (de mai), cent pauvres garçons des Offices
de la Maison du Roy parurent devant la Reyne extraordinairement habillez tous de neuf par ordre de Sa
Majesté, pour récompenser leur assiduité et éguillon-
ner celle des autres *au Catéchisme, qui se fait tous les
Vendredis au Palais Royal* (1). » Louis aurait-il été le
seul à ne pas recevoir sur ce point les encouragements
de sa mère? Mais nous n'avons pas à recourir aux
conjectures. Le texte du *Catéchisme ov Briefue Instruction du Chrestien*, pour l'usage du roi en cette
même année 1645, est sous nos yeux (2). La partie
dogmatique y est peu développée, et il est à remarquer,
ce qui ne fut peut-être pas ·sans conséquence, que les
notions sur l'Église et le Pape y occupent peu de place.
Aucune omission essentielle cependant. L'art avec
lequel l'explication du *Credo*, des commandements de
Dieu et de l'Église, des sacrements et des péchés
capitaux, est mise à la portée de sa jeune intelligence,
témoigne que l'abbé de Beaumont ne négligeait pas la
plus importante de ses fonctions de précepteur (3).

1. *Gazette*, 1645, p. 417.

2. Nous en devons la copie à l'obligeance de M. Bytschkoff, conserva-
teur de la Bibliothèque impériale de Saint-Pétersbourg, où se conserve ce
manuscrit.

3. Ces lacunes furent abondamment comblées, deux années après, par

Le chapelet, qu'aimait à réciter Louis XIV, n'est qu'une marque de sa dévotion constante à la Sainte Vierge.

Ainsi la piété du roi faisait écho longtemps après aux leçons et aux pratiques de son enfance chrétienne ; et, même dans ses plus graves désordres, il lui en resta toujours quelque chose. L'abbé de Choisy en avait fait la remarque avant Saint-Simon : « On lui avoit inspiré dès ses premières années les principes solides de la piété : ils se placèrent, ils se gravèrent dans le fond de son âme ; et si dans la suite de sa vie l'ardeur de l'âge l'a fait céder quelquefois à ses passions, ces premières impressions du bien sont demeurées iné- branlablement dans son cœur. Il a toujours conservé du respect pour la religion ; et plus d'une fois, au scan- dale du petit peuple, mais à l'édification des gens sages et éclairés, il a mieux aimé s'éloigner des mystères sacrés, *quoique la politique en murmurât*, que de s'en approcher indignement (1). »

Dans cette éducation prise à temps et durable, après la part d'Anne d'Autriche, qui fut prépondérante, une des principales influences revient au P. Paulin.

---

1 *Institvtio Principis ad Lvdovicvm XIV, authore Hardvino de Perefixe de Beavmont*, 1647, in-16. Le chapitre intitulé *De officio Principis erga Deum* est rempli de maximes irréprochables sur le devoir du prince en- vers DIEU et envers l'Église, ses commandements, sa doctrine et les dépo- sitaires de son autorité. Il est vraisemblable que Hardouin de Beaumont était aussi l'auteur du *Catéchisme* élémentaire.

1. Choisy, *Mémoires*, édit. Michaud, p. 561.

La piété n'est pas le seul trait du caractère royal
que nous avons vu esquissé dans la correspondance
du confesseur. Sous sa plume, Louis est apparu bon
et innocent, craignant DIEU et respectant sa mère ;
mais, en outre, vaillant et résolu, judicieux et présent
à soi, prudent et discret, déjà assez maître de sa volonté
pour vaincre la colère. Cette irascibilité à laquelle,
d'après les *Mémoires* de son valet de chambre Laporte,
il s'abandonnait naguère violemment, même contre
le duc d'Anjou, il l'a dès maintenant presque toute
domptée (1). Il devient ce prince « si égal à l'extérieur
et si maître de ses moindres mouvements dans les
événements les plus sensibles », que Saint-Simon
déclare avoir « succombé » dans une occasion « unique ». A part ce jour, où le roi brisa sa canne sur le dos
d'un valet fripon, rarement il oublia sa dignité.

A cette médaille n'y eut-il pas de revers ? Cette possession continuelle de soi, Mme de Motteville, rapportant l'arrestation de Retz (2), l'appelle une « judicieuse
modération ». Le Père Paulin, qui a proclamé Louis
« véritable », dénonce chez lui, en mourant, une « dissimulation » croissant de pair avec la sagesse. Cette

---

1. La dispute du roi avec Monsieur son frère (1658), racontée par
Mademoiselle, confirme le progrès signalé, dès 1652-53, par le P. Paulin.
C'est Monsieur qui commence à se dépiter et n'est « pas maître du premier
mouvement ». Le Roi « d'abord ne se fâcha pas. Quelques femmes de la
Reine qui étoient présentes l'animèrent contre Monsieur. Le Roi se
fâcha. » *Mémoires de Mademoiselle*, édit. Michaud, p. 286.

2. Motteville, *Mémoires*, t. IV, p. 37. .

·dissimulation visait la politique. Mazarin était desservi par des adversaires cachés qui risquaient de lui aliéner l'affection du jeune roi (1) ; Paulin prévenait le ministre.

Mais lorsqu'on cherche à se rendre compte de ce que le confesseur aperçut dans le caractère de Louis XIV, on constate qu'il ne vit pas poindre son orgueil, défaut qui alors confinait plus en lui à la vanité qu'à l'égoïsme. Avant de prendre son tardif essor, il demeurait même blotti et déguisé sous les apparences de la timidité. Mais rien ne nous autorise à croire que le P. Paulin, confesseur ou précepteur suppléant, ait conspiré, avec ceux qui étaient auprès de la personne du roi ou dans sa suite, à accroître, en cette âme de prince bon et doux, le sentiment de son absolu pouvoir et de ses souveraines prérogatives. Du maître à écrire au gouverneur, duc de Villeroi, n'était-ce pas pourtant la même leçon donnée sous toutes les formes ? Quel singulier devoir ou quel étrange exercice que cette phrase, répétée six fois et huit fois signée sur une page par Louis XIV enfant :

L'hommage est deub aux Roys, jls font ce qu'il leur plaist.

LOUIS (2).

1. « Nonobstant tous les soins des surveillans, je ne laissois pas de frap-per de petits coups si à propos, dans les heures où je n'étois observé de personne, que le Roi avoit conçu la plus forte aversion contre le cardinal, et qu'il ne le pouvoit souffrir, ni lui, ni les siens. » Laporte, *Mémoires*, p. 45 et *passim*.

2. Une copie de l'autographe, conservé à Saint-Pétersbourg, nous a été gracieusement envoyée par M. Bytschkoff.

Au milieu des troubles de la Fronde, le P. Paulin fut
fidèle par conscience à l'autorité royale ; il écrit : « Sou-
levons les peuples de leurs misères ; » mais il applaudit
les très bonnes et *très fières* répliques faites par le roi
vainqueur aux dernières représentations des magistrats.
Il engage Mazarin à confondre par la force ceux qui
font la guerre au roi *oint du Seigneur*. Pourquoi
oublie-t-il que la perfide et violente arrestation du cardinal de Retz est opérée au mépris du caractère sacré
et de l'onction épiscopale ?

Intermédiaire officieux entre la cour de France et le
Gesù de Rome, il en arrive forcément à se mêler « de
bien des choses ». Richelieu ne l'eût pas supporté ; Le
Tellier s'en plaignit. Il « s'intrigua trop à la cour, » dit
le P Rapin (1).

Ces torts possibles sont rachetés aux yeux de la
postérité par la profonde et solide piété qu'il inculqua
à Louis XIV durant trois années et demie, depuis la
veille de la Première Communion jusqu'à l'émancipa-
tion critique de l'adolescence.

Il développa chez lui le goût de la prière et l'estime
des sacrements, l'attachement à l'Église et l'aversion
du jansénisme. Il assura ce filial respect pour Anne
d'Autriche, qui fut d'abord le frein de passions grandis-
santes. Il enracina cette crainte de DIEU qui finira un
jour par triompher de ces mêmes passions, vivantes

1. Rapin, *Mémoires*, t. II, p. 142.

encore, et pour lesquelles, chez un homme de quarante-
six ans, ne semblait pas sonnée l'heure de la défaite,
Otez cette forte impression initiale de 1649 à 1653, et
vous rendez impossible ou inexpliquée la conversion
finale de 1684.

Sans doute, la religion de Louis XIV ne fut guère
élevée. Ce souverain « toujours roi et jamais homme »
eut besoin de la frayeur des jugements de Dieu et de
l'appréhension des châtiments éternels pour secouer le
joug de ses misères morales. J'entends Fénelon, « le
plus bel esprit, mais le plus chimérique du royaume, »
pour qui toute la religion se réduisait presque à l'amour,
et tout l'amour au désintéressement, lui dire avec son
mystique dédain : « Sire, vous n'aimez point Dieu ;
vous ne le craignez même que d'une crainte d'esclave ;
c'est l'enfer et non pas Dieu que vous craignez. Votre
religion ne consiste qu'en superstitions, en petites pratiques superficielles. » Cette crainte salutaire n'en fut
pas moins le levier qui souleva la lourde chaîne à
laquelle chaque rechute semblait river davantage le
grand roi « vaincu et captif ».

Sans cette réaction toute-puissante, qui sait si Louis
XIV n'eût pas été Louis XV ?

Et s'il ne le devint pas, une cause éloignée, mais
réelle, n'en est-elle point dans cette maxime favorite du
P. Paulin : *Deum timete ?*

Le religieux ajoutait pour les frondeurs : *Regem*

honorificate. Double motif pour conclure avec le P. Rapin : *Dans le fond il s'étoit bien acquité de sa fonction de confesseur ;* et avec Louis XIV : « Il n'y a personne à qui nous devions davantage qu'à ceux qui ont eu l'honneur et la peine tout ensemble de former notre esprit et nos mœurs. »

Table des Matières.

www.ingramcontent.com/pod-product-compliance
Lightning Source LLC
Chambersburg PA
CBHW071957090426
42740CB00011B/1974